Max Tzwangue 2019

I0218213

La couverture est extraite d'une œuvre de
PATOUNE

Atelier Galerie, 260 rue Emile Pouytes 30290
LAUDUN

06 12 31 50 02

www.patoune-peintre.com

Max Tzwangue 2019

A ma mère,

A mes fils, Didier et Marc,

A Marie-Claude

ISBN : 978-2-9565963-7-0 – Dépôt Légal : mai 2019

Max Tzwangue 2019

TABLE DES MATIERES

1) Enfance 1931 - 1936
2) Résistance 1939 - 1945
3) Retour 1945 - 1964
4) Pérégrinations 1964 - 1978
5) Le théâtre et le cinéma
6) Bibliographie
7) Annexe

Max Tzwangue 2019

1) Enfance 1931- 1936 et origine familiale

Rue de Ménilmontant

Je suis né le 24 août 1925, à l'hôpital Rothschild, là où accouchaient les émigrés. Mes parents n'étant pas mariés, mon père m'a reconnu à la naissance. C'est autour des années 1930 que remontent mes plus anciens souvenirs. J'ai cinq ou six ans, j'habite avec mon père et ma mère, un grand appartement, 76 rue de Ménilmontant au quatrième étage. Je me souviens de la pièce principale, de la salle à manger sur la droite en entrant, de la chambre à coucher, d'une espèce de couloir qui lui fait suite, la cuisine équipée du gaz de ville. Enfin, tout au bout de l'appartement, l'atelier de mon père. C'est ici qu'on se lave, dans une petite vasque blanche sous le seul robinet d'eau courante de la maison. Je dors dans la chambre de mes parents, dans un lit blanc à barreaux, près de leur grand lit. Nous avons l'électricité mais nous partageons les toilettes, situées entre deux étages, avec une autre famille juive. Ils ont une petite fille de mon âge, Lisa, ma copine d'enfance.

Mes parents sont tous deux immigrés de Pologne, ou peut-être de Russie pour mon père. Comme beaucoup d'immigrés juifs d'Europe Centrale qui vivent à Paris, ils ne parlent pas leur langue natale et mal le français. En quittant leur pays antisémite, ils avaient décidé qu'ils n'y retourneraient plus. Aussi ma mère avait-elle déchiré son passeport. Le yiddish est l'unique langue avec laquelle ils communiquent entre eux ainsi qu'avec nos voisins de Ménilmontant, juifs également, qu'ils côtoient dans les associations de quartier. Le yiddish, je l'ai appris enfant par la force des choses, en même temps que le français que j'ai commencé à parler avec ma nourrice, puis à l'école. Mes parents se sont définitivement séparés lorsque j'avais onze ans. Je n'ai jamais osé, par respect, questionner mon père sur son pays, ses souvenirs d'enfance, ni sur la raison, antisémitisme mis à part, qui l'a amené à émigrer en France. Cette situation est d'ailleurs commune à celle de nos voisins et des parents de mes camarades. Aussi à cet âge, il est difficile de se faire une idée claire de l'origine de ses parents lorsque le manque de disponibilité, la difficulté de la langue et la tradition d'éducation de l'époque constituent autant de barrières de communication familiale.

Origines

Pour mon père, j'y reviens, il y a deux hypothèses qui ne sont pas élucidées aujourd'hui. L'une concernerait un certain Moïse Tzwangue de nationalité Russe, né à Edazi, à proximité de Saint Pétersbourg et naturalisé français le 4 février 1949. Le prénom Moïse a pu devenir Maurice par francisation. Son extrait de naturalisation mentionne également la ville d'Odessa. Une ville de passage ? C'est de ce port que les Russes émigraient en France, via Marseille, jusqu'à la mise en place du rideau de fer. Nul ne sait comment et pourquoi ce supposé père fit ce chemin de 1700 km jusqu'en Ukraine ?

L'autre hypothèse concernerait un homme de prénom non répertorié, qui serait né le 6 novembre 1904 à Lodz en Voïvodie, à proximité de la région d'origine de ma mère et également naturalisé français en février 1949. Lodz, cette ville champignon qui comptait jusqu'à 500 000 habitants au début du siècle, était la métropole la plus importante de l'industrie textile des pays de l'Europe de l'Est. On disait que Lodz était le Manchester de la Pologne. Vraisemblablement, cet autre supposé père en était issu, comme mon grand-père paternel d'ailleurs. Les quelques 780 filatures de laine et de coton y employaient pratiquement toute la main d'œuvre industrielle. Mon Grand-père devait travailler à l'usine d'Izrael Poznanski, la plus prospère filature de coton de Lodz, équipée des machines allemandes les plus modernes. On disait que son patron était un philanthrope.

Filature I. Poznanski à Lodz (fin XIXe)

Il devait y avoir de bonnes conditions de travail lorsque patatras, une fois la 1ère guerre mondiale déclarée, les Russes stoppèrent les importations de Pologne au profit de leur production nationale, moins chère et de moins bonne qualité. Les usines licencièrent massivement car le marché russe était le principal débouché. Les Occidentaux avaient en effet fortement taxé la production textile issue de Pologne. Au lendemain de la guerre, seules quelques dizaines de filatures subsistaient. Mon grand-père dû se mettre à son compte et apprendre le métier de tailleur pour subvenir aux besoins familiaux. A ses côtés, mon père apprit le métier comme apprenti dans la boutique familiale. En 1920 après la guerre civile entre les nationalistes et les pro-bolchéviques, la situation économique était exsangue. Aussi mon grand-père le convainquit d'émigrer en France, ce qu'il fit avec comme seul bagage sa petite expérience de tailleur, pour se faire une place à Belleville ou à Ménilmontant, point de chute de l'immigration juive antinationaliste et sympathisante communiste.*

Ma mère, Simone Lesnik est née en 1904 dans un petit village, près de Skierniewice, entre Lodz et Varsovie. Cette région qui est redevenue Polonaise en 1918, est sous domination Russe. Il parait que ma grand-mère maternelle y tenait une épicerie. Ma mère, appelée aussi Sima, l'assistait au magasin. Elle avait 18 ans quand elle est arrivée en France avec son frère ainé, Jean. Sur les conseils de ma grand-mère, il avait fui le service militaire d'une durée de trois ans ainsi que les difficultés faites aux juifs en Pologne au début des années 20. Les juifs étaient accusés de collusion avec les Bolchéviques et furent persécutés par les nationalistes. Les pogroms antijuifs étaient nombreux pendant la guerre civile. Aussi mon oncle prit la décision d'immigrer en France qui avait une solide réputation de terre d'accueil pour notre communauté. Pour qu'il ne soit pas seul en France, ma grand-mère avait dépêché ma mère pour l'accompagner. Ils ont d'abord habité rue Frémicourt, dans le 15ème à Paris. Puis, ma mère et mon père se sont rencontrés, probablement par l'entremise d'une association juive comme il en existait à l'époque.

Ndl :*C'est avec l'outil généalogique Filae que j'ai développé ces deux hypothèses. Les références françaises au nom de Tzwangue dans les années 1900 sont au nombre de deux. Il n'existe pas d'extrait de naissance disponible mais uniquement des extraits de naturalisation qui a eu lieu à la même date, soit le 4 février 1949. Dans un cas il s'agit du passé d'un tailleur, celui de Lodz, dans l'autre, on est troublé par la proximité phonétique des prénoms Moïse et Maurice. Un peu plus loin dans le récit, Max évoque son père qui se serait fait passer pour Russe car la France acceptait plus facilement des réfugiés fuyant le bolchévisme que des Polonais fuyant les trois ans de service militaire, comme ce fut le cas pour Jean Lesnik.

Tailleur à Paris

Maurice, était tailleur deuxième main pour Old England, ce magasin de vêtements situé boulevard des Capucines, qui à l'époque, était très renommé pour la qualité de ses collections saisonnières. Il a été vendu récemment car ses dirigeants n'ont pas su s'adapter aux goûts des clients d'aujourd'hui. Dans les années trente, la plupart des ventes de Old England étaient encore des vêtements réalisés sur mesure, nécessitant une importante main d'œuvre qualifiée pour l'essayage, le montage et les retouches.

Magasin Old England, Boulevard des Capucines , Paris (début XXe)

Seuls les tailleurs première main étaient en contact avec la clientèle, dont ils connaissaient le nom, les goûts et la taille. Ces informations étaient soigneusement consignées dans des carnets. Après le choix du modèle, les tailleurs de seconde main, dont mon père, entraient en jeu. Le travail se faisait à domicile, mais ils devaient d'abord se rendre sur place pour découper dans les coupons, les pièces de tissu à partir des patrons, en tenant compte des indications des tailleurs de première main par rapport au tracé théorique. Le tissu coûtait très cher et il fallait de l'expérience pour réduire les chutes. Pour les novices, la découpe des pièces était surveillée. Une fois rentré, mon père étalait les différentes pièces sur la grande table sous laquelle je me cachais. Là, sur une étagère en planches où attendaient les pièces à assembler résidait mon lieu de jeux favori. Maurice présentait les pièces à bâtir, puis il montait les vêtements à la machine jusqu'au col et jusqu'aux aux manches. Il fallait ensuite les rapporter au magasin où l'on procédait à l'essayage. Mon père s'y rendait ainsi deux à trois fois par semaine car il n'y avait pas de trottins*. C'était une sacrée servitude dans laquelle ma mère l'assistait. Les retouches prenaient du temps, propices aux conversations.

*Ndl : *Petite ouvrière ou jeune garçon commissionné pour faire les courses. Payé à la tâche et pour faire attendre le client le moins longtemps possible, il devait donc accomplir sa commission le plus vite possible, et de ce fait trottinait à travers le magasin.*

J'entendais la machine à coudre et mes parents qui conversaient en yiddish. Cela m'a évidemment donné l'envie de le parler ! J'ai même essayé d'en apprendre l'alphabet mais je ne suis jamais allé jusqu'à savoir le lire ou l'écrire malgré une abondante littérature. Trois journaux paraissaient dans cette langue à Paris, un de tendance socialiste, un autre de droite, enfin, « La Presse Nouvelle », d'extrême gauche, celui que lisaient mes parents.

Ils avaient beaucoup d'amis, des juifs émigrés comme eux, militants d'organisations juives alors très actives sous la montée du nazisme et de l'antisémitisme. J'étais impressionné par l'un d'eux, le cousin Simchum, qui me semblait être un géant. Sa grande taille me fascinait tant il dépassait tout le monde. J'avais l'impression qu'il avait des jambes qui n'en finissaient pas, moi dont les yeux arrivaient à peine à la hauteur de ses genoux ! Parmi d'autres amis de mes parents, il y avait Garbaz, l'ami de la famille, un homme assez trapu, de taille moyenne, maroquinier de son état, sa femme et leur fille Fanette, une petite brune, avec laquelle j'ai traversé les âges, ma seconde copine avec Lisa. Fanette était mon aînée de deux ou trois ans et moi son protégé. Nous sommes allés ensemble aux colonies de vacances de la FSGT à l'île de Ré. Lorsque mes parents se sont séparés, j'ai vécu chez les siens, les premiers temps dans leur grand appartement de la rue René Boulanger, à Paris.

Ma nourrice, était une femme épatante d'au moins soixante ans, concierge du 70 rue de Ménilmontant. Elle était parisienne, non juive, très gentille et vivait seule avec son chien-loup, un animal féroce que l'on entendait aboyer de la loge jusqu'au bout du couloir lorsque quelqu'un rentrait. Je m'amusais bien avec lui et quand je suis revenu voir ma nourrice dix ans après, il a commencé à aboyer furieusement comme à son habitude puis s'est soudain arrêté. Il m'avait reconnu. Elle avait un grand lit et je restais parfois dormir avec elle. Elle possédait aussi un phonographe et pas mal de disques pour l'époque. Par jeu, elle me demandait d'en mettre un, puis d'en trouver le titre et le nom de l'interprète. Quand ses copines venaient, elle me faisait monter sur un tabouret et je chantais alors l'une ou l'autre chanson. J'avais fini par connaître par cœur toute sa collection.

Rue de Ménilmontant, avec ma mère

Mes parents se sont séparés une première fois quand je devais avoir six ou sept ans. Mon père est d'abord allé habiter une petite chambre sous les toits chez l'une de ses sœurs, Tante Léa. C'était une femme très belle et qui fut comme une mère pour moi. Elle avait des enfants, mes cousines Betty et

Germaine et comme j'étais encore le plus jeune, elles me protégeaient comme Fanette, la fille de Garbaz. Quand mon père venait me chercher pour la journée, je restais avec ma tante et mes cousines.

J'ai d'abord vécu seul avec ma mère qui travaillait désormais à l'extérieur comme ouvrière dans l'habillement. Souvent, en fin d'après-midi, nous descendions elle et moi la rue de Ménilmontant où, une fois passée la rue des Amandiers, se trouvait un restaurant, émanation des syndicats, « La Bellevilloise », dans lequel déjeunaient des ouvriers.

Restaurant La Bellevilloise , Paris (fin XIXe)

Je me rappelle une bagarre lors des émeutes de 34. Les fascistes avaient envahi le lieu et agressaient les ouvriers. Nous nous sommes arrêtés pour regarder cette scène qui m'a beaucoup marqué. Souvent aussi, nous descendions jusqu'au boulevard de Belleville. Si j'avais été sage et si ma mère le pouvait, elle m'achetait, en récompense, des graines de citrouille dont je mangeais le cœur, la petite amande. Le boulevard était toujours très animé et ma mère rencontrait des connaissances qui la complimentaient parce qu'un beau garçon l'accompagnait !

A six ans, je suis allé à l'école primaire rue Chevreau. Ma maîtresse, Madame Billard, était une très grande femme, toute en longueur, à la tête de vieille fille ! Je n'étais pas très bon élève, remuant et livré à moi-même et mes copains n'étaient pas ceux de ma classe mais ceux de la rue. Quand j'avais quelques centimes, j'entrais chez la marchande de journaux qui vendaient quelques bonbons pour acheter des petits caramels très plats enveloppés dans du papier. Dès qu'elle me voyait, elle s'exclamait : « Ah ! Voilà mon p'tit juif qui vient s'acheter des caramels ! ». Le jeudi, à sept ou huit ans, j'allais au patronage rue Boyer à la Bellevilloise, une organisation communiste et on nous emmenait au cinéma. Je me rappelle les images du film « Sous les toits de Paris » quand les héros, un jeune couple d'ouvriers, dorment dans leur chambrette. A l'entracte, on nous distribuait une tartine de pain très mince accompagnée d'une tablette de chocolat aussi épaisse qu'un papier de cigarette.

Façade actuelle de la Bellevilloise avec l'insigne du Pari Communiste

J'étais aussi inscrit au « Yask », un club sportif juif dans lequel je boxais. J'en prenais plein la figure mais il fallait savoir se défendre, nous la bande de Ménilmontant contre celles des autres quartiers ! On allait Place Sorbier, rejoindre des garçons plus vieux que moi en général.

Rue et place Sorbier au fond, Paris (début XXe)

On jouait aux gendarmes et aux voleurs, on fabriquait des petits bateaux avec des bouts de bois que l'on envoyait descendre sur l'eau du caniveau de la rue de Ménilmontant, on jetait des cailloux sur la tête des voyageurs du train de la petite ceinture qui passait plus bas, ou bien, on dévalait la rue sur des planches à roulettes. Je me rappelle, je ne sais pas pourquoi, d'un taxi rouge aux pneus crevés qui un jour s'était mis en travers de la rue. Il avait provoqué un attroupement et il a fallu que tout le monde s'y mette pour débloquer la rue.

1934-1938

Deux grands évènements marquèrent cette époque. Celui, politique de 1936 et, celui personnel, de la séparation de mes parents. Très proches des communistes, ils appartenaient à l'UJRE, l'Union des Juifs pour la Résistance et l'Entraide, un mouvement qui survit encore aujourd'hui sous la forme d'un bulletin, « La Presse Nouvelle ». 1936 fut, de ce côté-là, une période de grande joie, pour moi, surtout lors de la réunification des communistes et des socialistes. J'avais alors onze ans et je faisais partie des pionniers. Je me rappelle les longs défilés et cette rencontre historique entre les deux partis. C'était le printemps et je défilais avec les pionniers de la Bellevilloise, fièrement vêtu de l'uniforme, chemisette blanche, foulard rouge et culotte courte. Lorsque notre cortège a rencontré celui du parti socialiste, les faucons rouges, nous avons fusionné dans une énorme fête pleine de joie. Avec ma mère, je vivais encore avec elle, nous sommes allés aussi avec ses amis à la fête de l'Huma.

Peu après, mes parents se sont séparés et mon père m'a mis en pension à Villeparisis.

Villeparisis : Les Coudreaux

Mes parents ne se sont jamais mariés. Mon père, m'ayant reconnu à la naissance, j'avais, selon la loi de l'époque, obtenu la naturalisation française en 1927. En revanche, cette reconnaissance retirait à ma mère ses droits de maternité. Ainsi, quand mes parents se sont séparés, ma mère a dû intenter un procès pour que je sois à ses côtés au moins pendant les vacances scolaires. Ma mère m'a beaucoup manqué d'autant que suis à peine resté avec mon père. Il m'a placé presque aussitôt en pension dans une ferme, « Les Coudreaux », à Villeparisis. C'était alors une petite ville et je suis resté là pendant deux à trois ans.

Les fermiers, Monsieur et madame Ravera, étaient italiens et sympathisants de Mussolini, ce que mon père ne savait pas. Leurs deux fils âgés de 18 et 20 ans me repoussaient en m'infligeant toutes les petites misères du monde. Quant à leur fille, pourtant de mon âge, elle me détestait.

La ferme était constituée d'un bâtiment principal dans lequel vivaient les parents et leur fille ainsi que d'un bâtiment secondaire dans lequel, totalement livré à moi-même, je partageais la même chambre avec les deux frères dont j'étais le souffre-douleur. J'étais fier de mon foulard rouge de pionnier de la Bellevilloise, mais eux, admirateurs de Mussolini, ne cessaient de me l'arracher. Les Ravera possédaient une vingtaine de vaches que je gardais pendant les moissons. Je me rappelle qu'une fois m'être endormi, je fus brutalement réveillé, mon nez contre celui d'une vache ! A la ferme, j'aidais aussi, je chargeais le fumier, je retournais la paille... Je n'étais pas véritablement harassé par les travaux, je mangeais largement, à la même table que la famille mais pour un petit garçon habitué à la ville c'était une vie à laquelle je n'avais pas été préparé. Elle m'a cependant endurci pour je que puisse affronter ce qui allait suivre.

J'allais à l'école de Villeparisis. Ma classe comprenait trois divisions, c'est-à-dire, trois niveaux différents et j'ai dû rester là-bas le temps d'en vivre deux. Je n'avais aucun copain, j'étais le petit parigot et c'était la bagarre perpétuelle. A chaque fois, il fallait que je me batte pour reconquérir ma place dans le groupe. Le jeudi, j'avais toujours à vaquer à la ferme, le reste du temps, je traînais. Quand mon père venait, il me donnait quelques sous et il me fallait beaucoup marcher pour aller seul au cinéma. C'était une période très dure de ma vie d'enfant, ma mère me manquait beaucoup. Je me sentais affreusement seul, mais je ne pleurais jamais, par fierté.

Lens

Entre-temps, mon père s'était marié avec une juive polonaise de Lens et s'était installé là-bas, dans le Pas-de-Calais. Tola était une vieille fille peu commode et beaucoup moins jolie que ma mère. Cousine d'une grande famille de Belgique, les Krivine, ils l'avaient accueillie à son arrivée de Pologne et elle s'était occupée des enfants. Comment mon père l'avait-elle rencontrée ? Je suppose que c'était un mariage arrangé.

Mon père était ouvrier apiéceur à domicile et travaillait pour des tailleurs, assisté par sa nouvelle femme. Fin 1937, je suis allé vivre avec eux.

Nous habitions à Lens, rue Quentin, le rez-de-chaussée d'un petit pavillon en briques. Le propriétaire vivait au-dessus et nous nous entendions très bien. Il avait une fillette, très mignonne, Aviva, qui venait de naître quand nous sommes arrivés. Ma chambre était au grenier et je passais là une grande partie de la nuit à me battre contre les punaises. Le matin, j'avais bien du mal à me lever. Ma belle-mère s'accordait très bien avec mon père et lui était toute dévouée. Elle n'avait pas d'enfant et n'éprouvait aucun sentiment pour moi, ne m'accordant aucune tendresse, aucun geste affectueux, se contentant du minimum. L'image même de la marâtre ! Pourtant, si ce déménagement à Lens m'a d'abord bouleversé, il m'a donné confiance en moi. A Lens, contrairement à Villeparisis, j'allais à l'école dans une classe sans division et je me suis en quelque sorte révélé. Autant à Villeparisis j'avais été dernier, autant ici je suis passé en tête, conservant toujours la première place. J'étais notamment le meilleur en rédaction et lors de mon certificat d'études, je fus premier de la région. J'avais un don pour la rédaction, j'aurais voulu devenir journaliste. Quand la guerre a éclaté, en 1939, j'étais inscrit au collège.

2) Résistance 1939-1940

Durtol

Cet été-là, je suis parti dans la vallée de Chevreuse, avec ma mère et mon beau-père. Peu après notre retour, le 1er septembre 1939, l'armée allemande avait envahi la Pologne. Le 3, à la suite de l'Angleterre, la France déclarait la guerre à l'Allemagne. Je ne rentrerai jamais à Lens, je n'irai jamais au collège.

Mon oncle Jean, le frère de ma mère, sa femme Mathilde et mes deux cousines, Josette et Annie, avaient, quant à eux pris leurs vacances en Auvergne, à Durtol, un petit village au-dessus de Clermont-Ferrand. Une quinzaine de jours après la déclaration de la guerre, alors que nous venions de rentrer rue de Ménilmontant, eut lieu la première alerte sur Paris. Les sirènes se mirent à hurler et nous sommes descendus à la cave sans masque à gaz, des serviettes humides sur le nez. Peu de jours après, nous recevions une lettre de Jean nous demandant de le rejoindre en Auvergne. L'invitation était étrange à l'époque. Mon oncle Jean était tailleur boulevard Magenta, possédait sa propre clientèle et s'était installé dans un grand appartement. Pourquoi voulait-il rester en Auvergne ? Il n'y avait aucune raison à ma connaissance de s'affoler, personne n'imaginant que la France allait s'écrouler. Sans que je sache pourquoi, nous l'avions rejoint en Auvergne. Jean était au courant de ce qui se passait à Paris et ne voulut pas nous en faire part pour ne pas nous affoler. A l'époque du au Front Populaire, certains immigrés que nous avions vraisemblablement côtoyés, se promenaient avec des drapeaux républicains espagnols dans les rues de Belleville et de Ménilmontant, le dimanche matin. La population leur jetait des pièces à trou. Mais le fascisme montait. Son évidence s'imposait à beaucoup, notamment dans les associations juives où l'on était informé des lois antijuives promulguées dans nos pays d'origine.

Ma mère avait refait sa vie avec Samuel Feldman et j'avais un demi-frère, Joseph, âgé de quatre ans. Samuel s'entendait bien avec ma mère. Il était un peu plus jeune et c'était un bel homme, très cultivé en yiddish, marxiste et militant d'une organisation juive, tailleur de son état, lui aussi très sympathique avec tout le monde, sauf avec moi. Comme ma belle-mère Tola, il m'accordait le minimum d'affection. Les deux familles, celle de ma mère, sans que mon père à ma connaissance ne s'y oppose, et celle de mon oncle, se sont donc retrouvées à Durtol. Huit personnes dans une grande pièce, sans raison apparente... Car pourquoi quitter le bien-être ? Nous ne risquions rien apparemment. La France n'avait-elle pas la meilleure armée du monde ? Était-ce l'analyse de la situation, ma famille écoutant la radio en allemand ? Ou bien une prémonition de mon oncle ? Ces questions étaient restées sans réponse pour moi, à ce moment précis.

A Durtol, la vie s'organisa. On allait cueillir des ceps énormes dans de magnifiques forêts, les hommes, Samuel, Jean et moi, participions au battage du blé, au ramassage des pommes... Nous dormions tous dans la même pièce, Josette, Annie, mes cousines et moi sur un matelas, les adultes à côté, dans des lits. Tante Mathilde trouva un travail de mécanicienne à l'usine de confection de Conchon-Quinette où elle partait tous les matins. Quant à moi, je devins garçon de courses, ou trottin comme on disait avant, pour un magasin de confection de Clermont-Ferrand, place Gaillard. Le gérant était un prête-nom italien, le vrai patron, lui, était un juif. J'étais le jeune homme à tout faire, gardant même ses enfants ! Pendant que les hommes et ma tante travaillaient, ma mère gardait les enfants, le petit Joseph et les deux filles de l'oncle Jean. Cette vie dura trois mois jusqu'à ce que Jean nous trouve un grand appartement à Clermont-Ferrand, rue Grégoire de Tours.

Max Tzwangue 2019

Clermont-Ferrand : rue Grégoire de Tours

Nous avons deux grandes chambres, une pour chaque famille, je dors dans un lit-cage, à la cuisine.

Rue Grégoire de Tours, un petit tailleur auvergnat engage Samuel et oncle Jean dans son atelier. Ils deviennent coursiers à domicile et travaillent pour les grands tailleurs de Clermont-Ferrand. Moi, je suis garçon de courses pendant quelques mois encore. Je reçois beaucoup d'affection de mon oncle et de ma tante parce que c'est sans doute plus simple qu'avec ma mère. Elle m'aime beaucoup mais elle n'est pas démonstrative et je communique très peu avec elle. Quant à mon père, lui qui s'est tellement battu pour ma garde, je n'en ai pas de nouvelles mais je ne lui écris pas non plus. Habite-t-il toujours à la même adresse ? Il ne me manque pas. Je suis seul, sans ami. Et je suis amoureux sans retour de la fille du propriétaire, âgée comme moi de quatorze ans.

De septembre 1939 à juin 1940, nous vivons la période de la « drôle de guerre » comme on l'appelle. Il ne se passe rien. Sur tous les fronts, calme plat, chacun conservant ses positions. Nous ne comprenons toujours pas pourquoi nous avons quitté Paris. Les journaux paraissent, les théâtres sont ouverts, la vie continue.

Samuel et Jean sont employés comme apiéceurs pour une grande boutique de vêtements et travaillent à domicile assistés de leurs épouses. J'ai quitté mon emploi de garçon de courses, mon beau-père et mon oncle m'engagent comme apprenti. Je travaille, je m'occupe de mon petit frère de cinq ans, Jo, je joue au ping-pong à l'Académie de billard de Clermont-Ferrand, et je rencontre des garçons de mon âge sur la place de Jaude. C'est là, au centre de Clermont-Ferrand, que des familles juives comme les nôtres, elles aussi réfugiées, palabrent à l'ombre de la statue de Vercingétorix. J'ai quatorze ans, aucun ami, je vis la plupart de mon temps avec des adultes. La situation est nouvelle et remplie d'imprévus et j'écoute les discussions animées en yiddish. C'est ainsi, à mon insu, que je commence à m'intéresser à la politique. A Clermont Ferrand, rares sont les Auvergnats avec lesquels on puisse bavarder tant ils semblent loin des évènements qui secouent le pays. En témoigne une discussion entendue par ma mère entre deux paysans descendus vendre leurs produits sur le marché : « on s'intéressera à la guerre, dit l'un d'eux, quand l'Auvergne sera envahie ! » Il ne croyait pas si bien dire.

En juin 1940, les Allemands déclenchent la grande offensive par la Belgique. L'armée française que l'on croit invincible est bousculée. On entend pourtant à la radio qu'elle ne cesse de reculer malgré des poches de résistance mais on ne comprend pas bien ce que cela signifie et surtout pas que l'armée française est manifestement débordée ! Le matin, on se précipite sur le journal « La Montagne », le soir, toute la famille écoute, attentive, le bulletin d'informations à la radio. Les commentaires vont bon train place de Jaude. Personne n'imagine ici en province loin de la capitale et du front, que l'armée française peut être vaincue. Nous n'avons aucune crainte, nul ne se doute que nous les juifs, allons être concernés au premier chef.

La catastrophe finit par devenir évidente le jour où les Allemands font irruption dans Clermont. Nous, les enfants, sommes en train de jouer dans la grande cour de l'immeuble de la rue Grégoire de Tours, le portail en bois donnant sur la rue, toujours ouvert. Brutalement des motards de l'armée allemande surgissent dans la cour et nous ordonnent en allemand de monter chez nous. Ils vont aller ainsi, sillonnant toute la ville en donnant à chacun le même ordre. Nous sommes abasourdis, ne sachant plus que penser ni que dire.

Les quelques jours où les Allemands occupent Clermont, la vie s'arrête, l'école, le travail… Nous ne sortons plus de notre carré et les jours s'organisent autrement pendant ce court laps de temps où nous vivons sur nos réserves. Et puis, aussi soudainement qu'ils étaient apparus, les Allemands disparaissent de la ville. Dorénavant nous suivons leurs traces aux informations, les voici à Bordeaux puis jusqu'à la frontière espagnole... Chacun tente de retrouver le cours normal de sa vie. Je reprends quant à moi mon apprentissage d'ouvrier- tailleur avec mon beau-père et mon oncle.

1940-1941 Clermont-Ferrand - rue des Chaussetiers

En juin 1940, c'est l'armistice. L'Assemblée Nationale est dissoute. Le pays est divisé en deux grandes zones : au nord, une zone occupée, et au sud, une zone libre que va devoir gérer le gouvernement français. Paris étant en pleine zone occupée, la France va devoir se choisir une nouvelle capitale. C'est la question qui préoccupe le gouvernement en exil à Bordeaux en cette fin juin 1940. On pense un temps à Bordeaux, puis Marseille, Toulouse, Nice et Cannes sont aussi envisagées, mais c'est malheureusement Clermont qui apparaît comme une candidate sérieuse : position centrale, liaisons routières et ferroviaires, population calme, fiabilité du préfet Peretti de la Roca, proximité des hôtels de Royat susceptibles d'accueillir les ministères.

Pierre Laval, va s'imposer comme l'homme fort du futur gouvernement collaborationniste. Il avance sa carte : Vichy. La ville présente de nombreux avantages : position centrale, bonne liaison avec Paris, immense capacité hôtelière, central téléphonique moderne...

Ce sera donc Vichy... Ce qui n'empêchera pas Clermont de connaître sa courte heure de gloire : avant Vichy, le gouvernement arrive à Clermont le 29 juin. Laval démissionne et donne les pleins pouvoirs au maréchal Pétain, héros de la guerre 1914. Il s'installe à la villa Michelin et les ministères prennent leurs quartiers : le ministère de la Guerre s'installe à Chamalières, celui de l'Intérieur à la préfecture, celui de la Marine à l'Institut Monanges, l'Aviation à l'école Fénelon, le ministère des colonies à l'école hôtelière ... Le lendemain, le gouvernement s'installe à Vichy. Les réfugiés affluent. Paris est occupé. La place de Jaude s'anime le soir. Un ami de Jean, resté à Ménilmontant, nous raconte que les renseignements généraux rançonnent les juifs et les immigrés.

Place de Jaude, Clermont-Ferrand, 1940

Nos parents n'étaient pas des bagarreurs. Ils n'avaient pas la langue. Donc sortis de la sphère privée, ils courbaient la tête. Ils étaient contents qu'on les laisse tranquille, tout en gardant à l'esprit une conscience politique procommuniste et antifasciste. Les étrangers, non naturalisés pour beaucoup, étaient arrêtés tous les jours. On leur demandait leurs papiers.

On peut dire que nos pères se sont engagés, par peur. La résistance a commencé à ce moment-là quand on a réalisé que nous étions vaincus. En octobre 1940, sont promulguées les premières lois anti-juives restreignant les professions autorisées. Pour les gens du peuple, cela n'avait pas beaucoup de conséquences. Par contre il fallait s'inscrire à la préfecture comme juif. Ne sachant pas comment les choses allaient tourner, la très grande majorité s'y était inscrite. Nos parents étaient très légalistes. Il y eut même par la suite une exposition sur le péril juif. Des tracts anti-juifs étaient distribués dans les usines. La propagande se mettait en place avec le gouvernement de Pétain.

En septembre 1940, ma famille et celle de Jean se séparent. Samuel et maman trouvent un appartement dans le centre de Clermont-Ferrand, rue des Chaussetiers, une très vieille rue parallèle à la rue des Gras qui mène tout droit jusqu'à la cathédrale. L'appartement comprend trois pièces, la chambre des parents, la grande pièce qui sert d'atelier et dans laquelle campe mon canapé lit, la salle à manger et un petit cagibi qui fait office de cuisine.

C'est à l'automne 1940 que l'on entre dans la phase la plus noire de la guerre. Les lois promulguées après la défaite de la France n'ont pas tout de suite changé la vie quotidienne, ni l'environnement et Clermont fera partie de la zone libre jusqu'en 1942. Malgré cela, et peu à peu avec l'hiver, les problèmes de ravitaillement commencent à se faire sentir, la pression allemande exigeant des wagons entiers de marchandises. Cet hiver-là, je me lève parfois à cinq heures du matin pour faire la queue pendant deux heures devant la boucherie de la rue des

Chaussetiers avant que maman ne me remplace à sept heures pour acheter nos rations de viande.

Queues interminables pour le ravitaillement en période de pénurie et de rationnement.

Je la remplace quant à moi très souvent à l'atelier car elle est enceinte et c'est ainsi que j'apprends un peu plus le métier. Avec les évènements, notre nouvelle maison devient un centre actif d'hébergement et de réunions. Pour les amis de mes parents, c'est une de leurs étapes quand ils passent en zone libre. On met les matelas par terre et je cède mon lit plus d'une fois. La nuit, la maison se transforme en atelier de faux papiers pour ceux qui en ont besoin. A partir de suppositoires à la glycérine qu'il fait fondre, Sergio, un militant italien fabrique les faux tampons. On imprime aussi les premiers tracts que j'irai distribuer la nuit dans les boîtes aux lettres de la vieille ville. Le jour, je travaille toujours avec mon beau-père.

Clermont-Ferrand - Montélimar

En avril 1941, naît mon petit frère François. Ce n'était certes pas le moment de mettre des enfants au monde dans une famille juive ! Il a été « bercé » durant toute son enfance par cette phrase maintes fois répétée : « Tu sais François, tu n'es pas le bienvenu… mais, tu es mon rayon de soleil » et plus tard durant son enfance : « François, quoi qu'il arrive, ne te plaint pas ça pourrait être pire ». Toute une philosophie héritée de ce qu'elle avait vécu en Pologne avec les nombreux pogroms.

Mon père, dont je n'avais pas de nouvelles, a été évacué sur Toulouse au moment de la débâcle. De Toulouse, il est allé vivre à Montélimar sans doute parce ce que des membres de sa belle-famille sont installés là, de l'autre côté du Rhône. Je le rejoins pour les vacances d'été 41. Je le retrouve égal à lui-même. Il vivote, continue d'apiécer, fait des retouches. Du côté de la famille de Tola, je rencontre, dans la Drôme, son filleul, Charles Krivine, un beau garçon de mon âge, presque aussi grand que moi et qui va devenir mon premier ami d'adolescence. Il me rend souvent visite à Montélimar, nous jouons au ping-pong, nous nous baladons, nous bavardons. Charles est le cadet d'une famille nombreuse dont les frères ainés, au moment de la débâcle belge sont partis en Afrique du Nord puis aux Etats-Unis. Sa sœur aînée, Lucie, vit seule avec ses deux enfants. Elle est très jolie, a moins de trente ans, nous sommes amis et je suis même un peu amoureux d'elle, mais sans succès... Sans doute devait-elle me considérer comme un gamin !

A Montélimar, on est affamé, d'autant que l'odeur de nougat flotte partout dans les rues étroites de la ville. Il est pourtant introuvable sauf sous la forme d'un ersatz jaunâtre et sans goût qui laisse sur sa faim. Malgré tout, ces semaines passées là sont une espèce de récréation et je passerai encore deux étés de suite à Montélimar.

De retour à Clermont, je reprends mon travail dans l'atelier de mon beau-père, retourne jouer au ping-pong et poursuit mes balades. Je vais aussi promener mon petit frère Jo au jardin des plantes de Clermont. Je suis le garçon à tout faire ! Place de Jaude, les discussions ont cessé.

Un jour, pour régler des travaux de couture, un client donne à mon beau-père un vélo équipé de roues à boyaux. Je suis tout heureux d'avoir un vélo mais les roues sont un vrai problème parce que le boyau est introuvable et que je n'ai de toute façon pas d'argent pour en acheter ! Je passe mon temps à remettre des rustines sur ces fichues roues ! Mais il roule tout de même et je découvre les environs de Clermont, dont la montée du Puy-de-Dôme par le col de Ceyssat. Je vais parfois aussi jusqu'à Riom pour retrouver un copain, l'un de mes voisins, quand j'habitais à Lens. Avant Riom, la route passe devant la prison. Léon Blum vit derrière ces barreaux comme Jean Zay, je crois bien, l'un de ses anciens ministres...

Ainsi passent les jours pendant qu'en France on crée les camps de jeunesse et les milices de Darlan, l'un des ministres de Pétain. Des milices, parallèles à la police nationale, tout à la dévotion de l'extrême droite, deviendront à partir de 1943, le bras armé du gouvernement fasciste de Pétain et joueront leur rôle de chasseurs de résistants et de maquisards.

Nous sommes en 1942, à Clermont, nous apprenons que des rafles ont eu lieu à Paris, que les camps de Pithiviers et de Beaune viennent d'être montés pour séquestrer les juifs. Ces rafles appelées au début « ramassage des juifs » en zone sud, ont pour but de livrer 20 000 juifs étrangers aux Allemands, fruit du marchandage de Pétain et Laval avec l'ennemi. Le 6 juin mon beau-père Samuel écrit au ministre pour demander une mesure dérogatoire à notre expulsion, en arguant d'une maladie de cœur de ma mère, certificat médical à l'appui, du Docteur Roger Fournier, qui nous a bien aidés. Le certificat stipulait qu'elle ne pouvait être transportée et nécessitait la présence permanente de Samuel. Cette demande fut par la suite confirmée par un Professeur de médecine Camille Bernard Griffith. Le 16 juillet 1942 a lieu la rafle du Vel d'hiv. On sépare les mères de leurs enfants. Les convois arrivent à Auschwitz et les prisonniers sont conduits directement dans les chambres à gaz sans être préalablement identifiés. Nous réalisons confusément que l'étau se resserre autour de nous. La propagande de Pétain sur les juifs qui accapareraient les richesses de la France se fait de plus en plus vive et accusatrice. Elle les met tous à l'index, à travers les pubs, les films au cinéma, la presse collabo de plus en plus riche et virulente. Cette propagande est là pour tuer tout élan de solidarité au sein du peuple français.

Pour moi, le quotidien ne change pas. En écoutant les discussions de mes parents et de leurs amis, je prends conscience de la situation. Je commence aussi à occuper mes loisirs à lire. Je suis attiré par l'Histoire, surtout celle de l'antiquité et je me suis inscrit à la bibliothèque de Clermont-Ferrand. Je dévore « Jean-Christophe » de Romain Rolland, un livre qui m'influencera beaucoup d'autant qu'il parle de musique classique que je découvre dans le même temps grâce à mon oncle Jean. A l'atelier, tout en cousant, j'écoute Beethoven puis Mozart et c'est ainsi que je commence à me forger ma culture d'autodidacte. Pourtant, si je peux partager la musique, je ne peux pas partager mes lectures. Je n'ai aucun ami en particulier et j'éprouve un immense sentiment de solitude. Mais s'il est douloureux, ce sentiment me rend aussi plus fort. Il va me permettre d'affronter la clandestinité à venir, là où il est absolument vital de demeurer totalement seul.

Les rafles se poursuivent et s'accentuent. Nous recevons une carte de Pithiviers envoyée par Simchum, ce cousin de mes parents dont la taille me fascinait quand j'étais petit. Une de ces cartes toutes faites auxquelles les juifs ont droit avant de partir en déportation. Charles, Lucie et leur mère, je l'apprendrai plus tard, sont eux aussi arrêtés et enfermés près de Lyon. Mais Lucie qui parle parfaitement le français peut s'échapper grâce aux infirmières du camp qui lui remettent une blouse blanche ainsi que Charles qui trouve refuge dans une organisation créée par Vichy. Leur mère quant à elle est déportée, ils ne la reverront jamais.

En novembre 1942, un client de mon beau-père Samuel, fonctionnaire à la préfecture de Clermont-

Ferrand, informe mes parents que nous sommes sur les prochaines listes d'arrestation. La famille doit se disperser. Le 29 mars, Samuel, ma mère et les deux petits vont se cacher en Dordogne non loin de Bergerac où s'est installé depuis peu mon oncle Jean, sa femme et ses deux filles. Heureusement, car le 24 mars, le Préfet du Puy de Dôme communiquait à la Direction Générale de la Police Nationale une nouvelle liste de juifs à expulser, dont mon beau père. « Ils l'ont échappé belle ! »

Grâce à un réseau de résistance dont j'ignore encore le nom, ma famille obtient des faux papiers au nom de Bueno et est transférée à Cadouin dans une maison dépendante d'un couvent. La mère supérieure, Sœur Louise Granier, ainsi que son assistante de nationalité britannique, Sœur Agnès Clare, les ont cachés de mars 1943 à décembre 1944. Ils vivent dans une petite maison de deux pièces avec un grand jardin de roses. Pendant tout ce temps, Madame Roquejoffre les aide et les nourrit quotidiennement, au point que François, mon demi-frère l'appelle « Maman Léa ». Quant à moi, il n'est ni possible ni prudent que j'aille à Cadouin avec ma famille car j'y serai en danger. Je suis trop repérable dans un petit village et je ne peux pas rester désœuvré. Soit les jeunes travaillent, soit ils partent dans des camps de jeunesse ou en Allemagne. Il me faut partir. Ma mère, en accord avec notre ami Garbaz, responsable comme je l'ai su plus tard de la résistance juive, décide de m'envoyer à Lyon, à l'UJJ, l'Union des Jeunesses Juives, un mouvement illégal. Elle n'était pas consciente qu'elle m'envoyait faire de la résistance. L'illégalité faisait, pour ma mère, partie intégrante de notre vie. Quand elle était arrivée en France, elle était sans papiers. Quant à mon père, polonais lui aussi, il s'était fait passer pour un apatride, c'est-à-dire un réfugié russe. On acceptait plus facilement ceux qui fuyaient le régime soviétique que des juifs polonais s'échappant de l'antisémitisme et d'un service militaire de trois ans.

1943 Lyon

J'ai dix-sept ans. Je débarque à Lyon le 1er janvier 1943 pour rentrer à l'UJJ, l'Union de la Jeunesse Juive. C'est une ville que je ne connais pas du tout, elle ne ressemble ni à Paris, ni à Lens, encore moins à Villeparisis ou à Clermont-Ferrand ! Je suis surpris par tant d'animation en débarquant du train, je n'ai plus de repères. Je connaissais Paris mais c'est la première fois que je me sens perdu. Pour tout bagage, j'ai une petite valise avec une chemise de rechange, un ou deux slips, une ou deux paires de chaussettes et un petit nécessaire de toilette. Il fait froid, j'ai mon manteau sur moi et l'adresse de mon ami Charles Krivine, le filleul de Tola, qui doit m'héberger les premiers jours de mon arrivée. Il habite le vieux Lyon, une chambre de bonne mansardée au dernier étage d'un immeuble. La chambre est sommaire, un lit d'une place et demie que nous devrons partager, une table, une chaise, une cuvette, un broc. Charles est salarié des Compagnons de France, il a des horaires fixes et se lève de bonne heure. Pour lui, échappé d'un camp, cette organisation créée pour les adolescents par Pétain est un vrai refuge.

Très vite, grâce à Garbaz, je prends contact avec l'UJJ. Je possède une fausse carte d'identité française, je m'appelle Jean-Pierre Nippert et j'ai juste conservé mon âge. C'est Sergio qui m'a fabriqué ces papiers avant mon départ. Garbaz me dit de me présenter tel jour, à telle heure et tel endroit. Une fois sur le lieu de rendez-vous, je rencontre un certain Gaston. C'est ainsi que je suis admis comme résistant à l'UJJ. Cette organisation juive de gauche publie « La Presse Nouvelle » et regroupe les jeunes juifs isolés qui ont perdu leurs parents, raflés pour la plupart. Tous les camarades ont de fausses cartes d'identité et personne ne sait rien sur personne. Ainsi quand l'un est arrêté, nul ne peut être mis en danger lors des interrogatoires. « Moins tu en sais, moins tu en dis ».

Par mesure de sécurité, je quitte Charles et loue une chambre chez une particulière. Je ne le reverrai qu'une fois ou deux. A l'UJJ, nous vivons en sous-location chez des logeuses, prétextant un statut d'étudiant. Elles ne déclarent évidemment pas le loyer et personne ne vient vérifier l'identité de leur locataire. Était-ce là l'ignorance de la part des Français ou la volonté inconsciente de ne pas savoir ?

A l'Union des Jeunesses Juives je rencontre Gaston et Gérard, des garçons de mon âge. Nous avons rendez-vous la nuit ou le matin très tôt pour distribuer des tracts à la sortie des usines, coller des affichettes ou dénoncer à la craie sur les murs les collabos et les occupants allemands hitlériens. Quand l'organisation le peut, nous percevons une aide et des tickets d'alimentation pour payer nos chambres.

Carte d'identité de Max Tzwangue au nom de Jean-Pierre Nippert

Dans la journée, si j'ai quelque argent, je rentre parfois dans des cafés. Mais j'y reste très peu de temps à cause des rafles et de mes faux papiers.

Je passe surtout le plus clair de mon temps à la bibliothèque municipale. C'est une très vieille bibliothèque aux vieux rayonnages et au plancher en chêne. Il y flotte une odeur de livres, de renfermé et de moisi. A l'entrée, un préposé en blouse grise, sans visage, m'invite d'un signe à passer. Les livres possèdent de grosses reliures de cuir. Je les choisis au hasard, lis tout. Ce qui me paraît trop compliqué, je ne le poursuis pas. Je recherche surtout les romans d'aventure et d'amour.

Ancienne bibliothèque municipale de Lyon

Je me sens en sécurité ici, personne ne viendra me chercher. Je m'installe toujours à la même place, sur un banc au dossier très dur, attablé à un long pupitre en chêne. Je lis sous une grande baie vitrée de petits carreaux sans rideaux, traversée parfois d'un rayon de soleil et qui donne sur une cour intérieure. Très peu de monde fréquente la bibliothèque, je ne fais jamais aucune rencontre. Je suis souvent tout seul avec le préposé qui ne s'occupe pas de moi et qui, à force de me voir, en arrive à l'esquisse d'un sourire.

Les bibliothèques vont devenir mes lieux privilégiés entre deux rendez-vous clandestins et sans doute mon goût de la lecture m'a-t-il permis d'échapper plus d'une fois aux rafles nombreuses dans Lyon.

A l'Union des Jeunesses Juives, après chaque action qui nous réunit, nous devons nous disperser et ne jamais nous revoir. Cette expérience du travail clandestin, cette rigueur obligée parce que nous sommes juifs et communistes nous a épargné bien des arrestations contrairement à ce qui s'est passé dans d'autres organisations moins expérimentées. C'est une vie très dure. Je sais que des gens ont été arrêtés, j'ai conscience d'avoir échappé au pire même si je ne connais pas leur sort. De temps en temps, par courrier, j'ai des nouvelles de ma famille, juste quelques mots. Je ne me sens pas malheureux mais affreusement seul. Le soir, dans mon lit, j'essaie d'imaginer la fin de la guerre. Je ne me vois pas fonder une famille, j'ai dix- huit ans, aucun métier. Ma seule certitude est celle de ne pas savoir si je vivrai encore demain. Les arrestations sont de plus en plus nombreuses.

La FTP-MOI : Lyon

C'est ainsi que fut ma vie, de janvier à mars 1943, date à laquelle on me propose d'entrer dans les FTP. MOI, (Francs-Tireurs et Partisans. Main d'Œuvre Immigrée), une organisation émanant du Parti Communiste clandestin. A sa tête, des dirigeants qui ont toujours milité dans des organisations juives, comme notre ami Garbaz. La FTP-MOI agit à Paris, à Lyon, à Grenoble, à Ste Etienne, à Toulouse, à Nice, sur toute la zone libre. Elle accueille aussi des femmes, souvent comme agents de liaison et les tâches qui leur sont confiées sont souvent dangereuses, comme le transport de tracts clandestins ou celui d'armes. L'une d'entre elles, Olga Bancik, est une des héroïnes de l'Organisation. J'ai su à la Libération qu'elle avait été arrêtée par les Allemands, déportée à Berlin et décapitée.

Pour la MOI, mon pseudo est Alain et mon matricule, le 94010, soit le dixième arrivant de ce que furent les premiers combattants de ce mouvement.

Nous sommes structurés en équipes d'interventions. A la base, l'équipe comprend trois hommes ; un technique, un combattant et un politique. Le groupe comprend neuf hommes, donc trois équipes. Plus nombreux si nécessaire on forme un détachement. On retrouve à tout niveau le même partage des responsabilités. On l'appelle la stratégie de la boule de mercure consistant à réunir plusieurs détachements en fonction de l'importance de l'embuscade. Une fois l'action menée, les détachements se séparent à la manière de boules de mercure. L'organisation est donc hiérarchisée avec beaucoup de souplesse dans les mutations (en cas de perquisition ou d'arrestation de l'un des membres). L'organisation de la zone sud, basée à Lyon, appelée Carmagnole est en liaison directe avec l'organisation nationale. La commission centrale de la MOI est en liaison directe avec le Parti Communiste. Les jeunes comme moi sont encadrés par des résistants plus âgés et plus expérimentés issus de brigades internationales. On se bat au cœur du dispositif de l'ennemi. Il s'agit pour nous de désorganiser ses moyens de communication, comme par exemple en provoquant un déraillement de train.

Quand je rentre dans cette organisation, je change une nouvelle fois de chambre. Entrer dans un groupe armé, c'est vivre désormais complètement isolé du reste du monde et c'est, entre deux actions, beaucoup d'heures passées à attendre. Je me sens très seul mais je ne me pose pas de question. Je déambule dans la ville, je tue le temps en lisant, je rentre rarement dans des cafés.

Quand on participe à une action, telle que détruire des transformateurs pour arrêter l'électricité d'usines qui produisent pour l'Allemagne ou d'attaquer des garages où sont entreposés des véhicules allemands, le sentiment qui prédomine est celui, terrible, de la solitude.

Opération de déraillement de train menée par les FTP-MOI pour détruire les infrastructures de liaison de l'ennemi et empêcher les transports de marchandises à destination de l'Allemagne.

Nous devons nous procurer nous même les armes pour les attaques de patrouilles en ville. Elles sont entreposées sous l'autorité du technique qui doit les entretenir. Les femmes s'occupent des liaisons des munitions à apporter. Elles font partie des groupes armés. On est armés uniquement pour une action. Le reste du temps on n'est pas armés.

Nous ne sommes pas le dos au mur. Nous aurions pu passer en Suisse, en Espagne. Nous avons choisi d'affronter des risques majeurs. Nous voulons la justice pour arrêter le massacre des innocents. Nous savons ce qui se passe en Allemagne. Pour subsister nous touchons une solde. Nous mangeons du pain et du chocolat grâce aux tickets de rationnements

Queues pour le ravitaillement en période de pénurie et de rationnement.

La propagande de Vichy a exploité le bombardement de Lyon par les alliés. Les journaux ne cessent de diffuser des articles collabo où nous sommes traités de bandits, de terroristes. En témoigne une conversation que j'entends un jour dans le tram. Nous venons d'agir contre un restaurant allemand et en représailles, le couvre-feu a été instauré à 21 heures, c'est le printemps. Un bon Français dit à un autre voyageur : « Ces salopards de terroristes nous empêchent de profiter du printemps ! ». Je suis atterré, furieux d'entendre de tels propos alors que les résistants risquent leur vie pour hâter la libération de la France ! Si nous voulons faire en sorte que des millions de Français approuvent la résistance, malgré la propagande, il faut que nos actions soient préparées le plus minutieusement possible afin de n'atteindre aucun innocent. Nous nous devons d'être irréprochables dans notre éthique, nos objectifs, nos cibles. Ce qui a jusqu'à maintenant porté ses fruits. Les mois passant, nous avons assisté à un basculement de l'opinion publique en faveur de la résistance, et progressivement, des Français ont grossi nos rangs.

La FTP MOI : le maquis de la Croix du Ban

Un jour de juin 1943, mon départ de Lyon est organisé. J'ignore la destination, je prends le train, je suis seul. Je sais juste que je dois changer à Grenoble, de là, prendre la ligne à voie unique reliant Grenoble à Marseille, enfin, descendre à Die, une petite station dans la Drôme. A l'arrivée, un homme m'attend. Il me prévient que nous allons marcher et que cela va être pénible. Nous traversons la calme ville de Die. Je n'ai rien mangé depuis mon départ. Nous nous arrêtons chez un boulanger qui est un résistant et qui m'offre un copieux petit déjeuner comme je n'en ai pas pris depuis très longtemps ! Nous empruntons ensuite le chemin de la montagne. C'est la première fois que je vois la montagne, la vraie, les Alpes. Aucune comparaison avec le mont Dore en Auvergne que j'ai connu pendant la période de Clermont-Ferrand. Je me sens soudain léger, comme délivré de la pression de Lyon où je me suis senti si traqué. Le temps est superbe, j'ai le sentiment de respirer, l'air est si pur et tout ce silence alentour… Au fur et à mesure que nous grimpons, je découvre ébloui une nature inconnue. Après trois à quatre heures de marche, nous arrivons dans une petite clairière où sont installées des tentes. C'est le premier camp de la MOI, le maquis du Ban.

Ce n'est pas un camp permanent comme il en existera après le débarquement. C'est un endroit pour fuir la traque et en même temps se ressaisir. C'est là que j'ai découvert combien la vie clandestine en ville était oppressante. Dans ce camp, seuls des hommes sont présents. Je retrouve avec joie quelques compagnons de Lyon et je rencontre aussi d'autres résistants. Des républicains espagnols, un antifasciste italien, un Tchèque d'une quarantaine d'années, évadé des premiers camps créés après l'occupation de la Tchécoslovaquie. Tous racontent leur parcours depuis le début de la guerre, le désarroi du peuple tchèque, la guerre d'Espagne, le fascisme en Italie, Mussolini au pouvoir… Le camarade tchèque nous montre le coup de baïonnette qu'il a reçu de ses gardiens nazis avant de traverser toute l'Europe pour arriver jusqu'à nous, les républicains espagnols nous apprennent le maniement des armes et du fusil. Je suis heureux parmi ces hommes, tant de chaleur, de solidarité, la vie est si différente ici de ma vie solitaire à Lyon. Je m'imprègne de tous les récits, je m'enrichis de toutes ces vies inouïes, arrivées là, dans cette petite clairière, en pleine montagne. Ces longues soirées passées dans le maquis avec ces hommes plus âgés que moi, si cultivés, partageant leurs passions de la musique, de la poésie, de la lecture… ont complété ma culture éclectique forgée pendant les longues heures de lecture à la bibliothèque de Lyon. Enfin, les rencontrer, c'était aussi comprendre la situation politique dans laquelle nous nous trouvions. C'est ainsi que s'est formée ma culture et ma conscience politique et militante, déjà nourries de l'expérience acquise auprès de mes parents et de leur histoire.

Au maquis du Ban, nous avons de petites expéditions, telle faire dérailler les trains reliant Grenoble à Marseille et transportant le matériel militaire.

Opération de déraillement d'un train menée par les FTP-MOI. L'objectif est de détruire les infrastructures de liaison de l'ennemi et d'empêcher les transports de marchandises à destination de l'Allemagne.

Je suis le plus jeune du camp et l'on me désigne comme agent de liaison entre notre maquis et les responsables de la MOI à Grenoble du groupe « Liberté ». Les contacts sont très rapides et discrets. Je rapporte le courrier de Grenoble et le ravitaillement obtenu grâce aux tickets. Je ramène aussi à travers la montagne les nouveaux venus qui viennent grossir petit à petit nos rangs. Quand je vois qu'ils peinent à me suivre comme moi j'ai peiné quand je suis arrivé ici la première fois, je suis fier de mon expérience de la montagne. Je peux m'orienter maintenant même en pleine nuit et je sens bien que mes compagnons derrière moi ne sont pas rassurés. C'est une sensation extraordinaire de marcher dans le noir. Insensiblement, on découvre que l'on possède des repères. Je sais traverser tout un espace boisé en pleine nuit et retomber au milieu de notre camp, pourtant bien caché.

Moi qui ai toujours vécu en ville, je comprends que l'homme a des facultés fantastiques d'adaptation à la nature, celles que je découvre en moi. A force de marcher des heures dans la montagne, je me développe physiquement, je prends de l'endurance. Je deviens un montagnard et un adulte.

De cette montagne, inconnue, non sans danger, deux souvenirs de garde me remontent en mémoire. Au camp, la garde était assurée tour à tour par chacun d'entre nous. Un jour d'orage, de vent et de pluie violente, le camarade de garde ne revenant pas, nous partons à sa recherche. Après plus d'une heure, nous le découvrons enfin, en contrebas de son lieu de garde. Il s'était avancé trop près du précipice et la violence du vent l'avait fait glisser. Il est blessé au crâne, le visage taché de sang ; Il faut le descendre dans la vallée jusqu'à l'un des camps de jeunesse créé par Pétain. Nous prenant pour une bande de jeunes campeurs, l'infirmerie du camp accepte de le soigner. Quelques semaines plus tard, quand le camarade remonte au camp, ses plaies sont complètement guéries. En revanche, il n'a conservé aucun souvenir de sa chute !

Une autre fois, à la fin d'une nuit, au pied du mont Aiguille, je suis en train de monter seul la garde à quelques mètres du camp quand j'entends un énorme bruit dans les broussailles. Aussitôt, je me dissimule. Et j'aperçois bientôt, stupéfait, une énorme laie qui s'avance majestueusement suivie de toute sa portée de petits. J'ai retenu mon souffle et la laisse passer. La montagne, c'est aussi cela, la découverte de la nature, d'un monde sauvage, si loin du monde que l'on dit civilisé, un monde en guerre. Au milieu de toute cette nature, j'éprouve un sentiment de liberté extraordinaire que je n'ai jamais retrouvé depuis.

Puis de retour à Lyon à l'automne 1943, je retrouve les conditions de la vie clandestine, avec en plus, la nostalgie d'une vie collective pleine de chaleur et la perte de ce sentiment extraordinaire de liberté. Néanmoins , je me réchauffe le cœur avec cet acte patriotique mené à Grenoble le 14 juillet 1943 par la population qui me fut rapporté et qui fut un succès. Les FTP ont reçu l'ordre, en coordination avec les autres mouvements de résistance, d'être présents pour protéger les manifestants. Les habitants avaient en effet préparé un grand défilé patriotique tout à fait inattendu en pleine occupation ! Les occupants italiens, la police et les autorités furent si surpris qu'ils ne purent réagir, regardant médusés, le cortège défiler sous leurs yeux. Mais tout était loin d'être aussi encourageant et je n'oublierai jamais ce jour de novembre 1943 où l'un de nos camarades a été arrêté. Tous les mois, les tickets d'alimentation sont distribués dans les écoles, quartier par quartier. Nous qui vivons dans l'illégalité n'y avons pas droit et pourtant, il nous faut en obtenir si nous voulons survivre. Un groupe se présente alors sur les lieux de distribution et force les préposés à nous remettre des tickets. Cette action s'était toujours bien déroulée, les préposés n'opposant aucune résistance. Cette fois ci, comme nous devons agir à quelques mètres de ma chambre, avenue Félix Faure à Lyon, j'ai été remplacé par un autre camarade, Simon Fryd.

Simon Fryd, jeune FTP MOI de 19 ans, guillotiné le 4 décembre 1943.

Quand le groupe s'est présenté pour réclamer des tickets, nous ne savons pas que les autorités ont placé pour la première fois des policiers armés sur les lieux de distribution. Je devais être à sa place. Simon a été blessé, arrêté, séquestré à la prison de Lyon et condamné à mort par la section spéciale le 23 novembre 1943. Il a été guillotiné le 4 décembre. Dans sa cellule et bien qu'il maîtrisa mal le français, il prit le temps d'écrire : « Mes chères sœurs, je vous écrit au moment de mon exécution. Je meurs pour la cause pour laquelle j'ai combattu. Ne m'oubliez pas. Vengez-moi. Simon ». Pour le régime vichyste, la guillotine, c'était le symbole d'une volonté d'imprimer une marque d'infâmie aux résistants jusqu'à la mort.

Dernière lettre de Simon Fryd à sa sœur Lola Anselem.

Max Tzwangue 2019

Condamné à mort par contumace

Pour nous préserver, les meilleures précautions à prendre étaient la solitude, l'absence de la moindre trace de notre identité dans les lieux que nous occupions et le silence vis-à-vis des autres membres de notre organisation. Les règles de sécurité étaient très strictes. Elles étaient appliquées à la lettre au début et donc, il y eut peu de victimes. Je commis néanmoins une erreur avec mes papiers :

Comme Simon Fryd est le gardien de notre dépôt de matériel et qu'il m'a remplacé, j'ai caché dans sa chambre mes véritables papiers d'identité afin de les récupérer plus tard. Après l'avoir arrêté, les Allemands découvrent ma carte d'identité avec ma photo et je me retrouve condamné à mort par contumace. Dans les rues de Lyon, ce sont d'abord des policiers en civil qui me recherchent, puis bientôt, toutes les polices de France. Je me sens comme une bête traquée. Il me faut quitter la ville le plus rapidement possible. Pendant que l'on organise mon départ, je dors dans différents endroits. C'est ainsi qu'un jour où l'on m'a indiqué une nouvelle chambre sous les toits, j'ai la surprise d'y trouver une belle jeune fille juive, brune aux yeux en amande. C'est une jeune camarade qui doit se cacher elle aussi en attendant de partir. Nous avons dix-huit ans tous les deux et sommes condamnés à passer la nuit dans le même lit ! J'en garde un souvenir cuisant et, de toutes les nuits de ces années-là, c'est la plus longue de ma vie. Le lit est très étroit et par peur de nous frôler, nous sommes restés tous les deux sur le flanc accroché aux bords du matelas ! C'est un beau souvenir d'innocence, l'acte le plus gratuit de ma vie. Je ne sais pas ce que la jeune fille est devenue. Peut-être se manifestera-t-elle si elle me lit ici ?

Le 12 décembre, le procureur Faure-Pinguely responsable de l'exécution de Simon Fryd a été mis à mort à son tour par le groupe Carmagnole. L'ordre est venu de notre commandement militaire. Pourquoi avons-nous exécuté Faure-Pinguely ? Lors de sa prise de fonction, il avait déclaré que tous les terroristes qui lui passeraient sous la main seraient condamnés à mort. Coupables ou innocents, cela ne comptait pas, du moment qu'ils étaient terroristes. Le premier à être condamné de la sorte était Emile Bertrand, un FFT français, exécuté quelques mois après la mise en place de la section spéciale. Simon Fryd, mon camarade, était le deuxième. C'était un garçon de 19 ans, un jeune juif. Et puis c'était la règle ; lorsque l'un des nôtres était exécuté, on se devait d'assassiner son bourreau en représailles. Pinguely, issu de la haute bourgeoisie Lyonnaise avait brigué la présidence de la section spéciale par ambition personnelle. Cette juridiction était la plus haute pour juger les « terroristes ». Elle était aux ordres directs du gouvernement.

Mon camarade Gilles Najman témoigne sur la façon dont l'action de représailles s'est déroulée :

« Deux d'entre nous doivent se présenter à son domicile en uniforme allemand. Comme je suis responsable de notre dépôt d'armes, je réceptionne ces deux uniformes dans un colis venant de Grenoble. Officiellement, il n'est censé ne contenir que des livres, mais outre les uniformes il y a également des armes et de la poudre. Les uniformes ont bien sûr été récupérés sur des Allemands tués. Ils furent entre temps réparés afin d'éliminer toute trace de balle et de coup de couteau qui auraient pu paraître suspect. J'ai obtenu du commandant Roman que je porterai l'un des uniformes. Notre commandant en chef régional, Albert, en fait Norbert Kugler, allemand lui-même, décide pour la première fois de participer également. Il s'est habillé d'un chapeau, d'une gabardine, avec une serviette à la main. Ainsi grimé, il a l'air d'un parfait gestapiste. Notre camarade Fred fait partie du groupe. Il a une carte de la police française qu'il compte présenter quand on viendra nous ouvrir. Nous formons ainsi un commando de quatre pour nous rendre au domicile de Faure-Pinguely, cours Eugénie au n°30, dans le quartier de l'hôpital. Nous sommes à pied, utilisant le tram quand on peut. Cinq ou six autres camarades doivent assurer notre protection sur place en gardant les abords.

Je remets à Denis l'uniforme amené dans une sacoche. Il se rend avec une protection sous une porte cochère pour se changer. J'enlève mon pardessus. Nous marchons peut-être cent mètres en combat, c'est-à-dire en formation de deux hommes avec des mitraillettes braquées dans la rue, entourés par d'autres civils. Le peu de personnes présentes dans la rue ce matin-là fichent le camp, pensant qu'il y a une rafle dans le quartier. On nous a vraiment pris pour des Allemands qui faisaient une descente en encerclant le quartier. Denis arrive enfin en uniforme à la porte du domicile de notre future victime. Denis reste à la porte avec un camarade en civil tandis que nous montons à quatre à son bureau. Nous sonnons. On vient nous ouvrir. Fred sort sa carte de police :

— Police Nationale, voici ma carte. Ces messieurs veulent s'entretenir avec Monsieur Faure-Pinguely. Est-ce vous-même ?

— C'est bien lui. Il nous répond : Ecoutez, vous devez vous tromper. Vous savez qui je suis ?

— Fred précise : Ces messieurs sont de la police allemande et aimeraient avoir un entretien avec vous.

Il ne nous laisse toujours pas entrer, en disant :

« Vous savez, je suis président du tribunal spécial conseiller à la cour... » Et il nous mentionne tous ses titres. La porte est toujours entre-ouverte et il sent que quelque chose cloche. Notre camarade qui s'adresse à lui est toujours le même. Il faut que ce soit un Français. Il lui dit enfin : « Nous voulons avoir une conversation avec vous au sujet de terroristes. »

Le procureur de la section spéciale Faure-Pinguely

La porte s'ouvre enfin et il nous invite à le suivre jusqu'à son bureau. Nous avons traversé le jardin de sa villa et il nous dit : « Votre police et la nôtre, on collabore, on est toujours ensemble, nous travaillons la main dans la main. » Notre camarade lui répond que nous sommes au courant et lui confirme que nous tenons à lui parler au sujet de terroristes. Nous pénétrons dans son bureau par l'arrière de la villa. Nous lui demandons s'il est armé. Il nous précise qu'il avait ramené des armes d'Espagne, à titre de souvenir, lorsqu'il participa à la guerre civile au côté des républicains. C'est curieux qu'il ait défendu la cause républicaine en Espagne ? Il semble que ce soit uniquement par ambition qu'il soit devenu président du tribunal de la section spéciale, parce qu'il croit en la victoire de l'Allemagne.

La conversation se poursuit, chaque « camp » se tenant d'un côté de la table. Moi je suis debout avec la mitraillette braquée sur lui.

— Nous avons appris que les frères Rabinovitch ont été arrêtés. Nous voulons savoir ce qu'ils sont devenus.

— Effectivement ils ont été arrêtés, jugés par un tribunal et condamnés à une peine de prison de quelques mois. Ils doivent repasser en jugement au tribunal de la section spéciale.

Il se tourne vers moi. « Vous pouvez baisser votre mitraillette, je ne suis pas suspect. » Je n'étais pas censé comprendre le français et n'en fit rien. Nous poursuivons l'interrogatoire et cette question intervint de manière précipitée :

— Et qu'est-ce qu'est devenu Simon Fryd ?

— Simon Fryd, s'il a été condamné et guillotiné, c'est à cause de moi.

Alors Roman qui se tient derrière lui ne peut se retenir et comme il a une matraque en acier, il commence à lui taper sur la tête. Son sang finit par couler et il demande : « Pourquoi, pourquoi, pourquoi ? » Il ne comprend pas ce geste.

Entre temps, le copain Fred, un peu ému parce que cela s'est passé très vite, sort son pistolet en oubliant de retirer le cran d'arrêt.

Roman, ancien de la guerre d'Espagne, pose tranquillement sa matraque, tandis que Faure-Pinguely demande toujours « Pourquoi, pourquoi ? » Il sort son pistolet à son tour et lui loge une balle en pleine tête. Pinguely s'écroule alors sur la table.

Roman, sans perdre son sang-froid, - c'est un homme sensationnel pour ça, - reprend sa matraque, la met dans un journal, puis nous repartons par un autre chemin dans l'appartement. Une femme vient vers nous affolée. Je vois encore ses yeux. « Mon mari, mon mari ! » Elle voit alors l'uniforme allemand de Roman. Elle s'affole. Le copain en civil lui dit alors :

— Restez chez vous dans votre appartement, dans votre chambre.

— Mais où je dois aller, où ? répond-elle tellement elle est choquée. Elle ne sait plus où elle est, en fait chez elle.

Nous refermons la porte de la villa, nous nous changeons et nous nous dispersons en retournant chez nous, tranquillement. »

Max Tzwangue 2019

Grenoble, le groupe « Liberté » de la MOI

Suite à ma condamnation qui me fait rechercher activement à Lyon par la police et la milice, je suis muté fin novembre 1943 à la MOI de Grenoble, dans le groupe « Liberté ». J'habite dans une petite rue qui donne sur le cours Bayard, non loin de la caserne occupée par une garnison italienne plutôt bon enfant. L'organisation m'a loué une chambre agréable dans un petit immeuble.

Je participe à certaines actions sur Grenoble, notamment la destruction d'un garage allemand dans le centre ainsi qu'à des attaques contre des groupes de miliciens de Darlan, chef de la milice du gouvernement Pétain. Pour se protéger de la résistance, ces miliciens ne se promènent plus en uniforme et se sont mélangés aux civils. Notre mission est de les reconnaître dans leur Quartier Général, place Genette, la place centrale de Grenoble.

Avec mon coéquipier Marcel, alors que nous sommes en pleine observation, nous sommes repérés et très vite encerclés par un groupe de miliciens. Ils nous emmènent au siège et commencent à nous interroger vigoureusement pour savoir ce que nous faisons là, debout sur la place Genette à huit heures du matin, dans une encoignure d'immeuble ! Ils nous réclament aussi nos papiers et nous leur remettons les faux bien sûr, avec une fausse adresse à Grenoble. Ils partent aussitôt perquisitionner contrairement à la police nationale qui se serait contentée d'un simple contrôle des cartes d'identité. Nous voilà obligés de les accompagner et surtout d'avouer que nous leur avons menti. Pour tenter d'en savoir plus, ils nous interrogent, Marcel et moi, séparément. Sans avoir pu nous concerter, par le plus grand des hasards, nous inventons sur le champ la même version des faits ! Nous sommes parisiens, étudiants et nous venons de débarquer le matin même de Paris pour fuir le travail obligatoire. Les deux explications concordent et la milice, mise un peu en confiance, nous propose le marché suivant : soit nous adhérerons à la milice et nous partons alors pour l'école des cadres de la milice à Uriage puisque nous sommes étudiants. Soit, ils nous remettent aux Allemands. Entre deux maux, nous choisissons celui qui nous paraît immédiatement le moins dangereux, la milice, sans nous faire trop d'illusions. Il s'agit juste de gagner du temps. Les miliciens décident de nous emmener en train le jour même, de Grenoble jusqu'à Voiron où se trouve, semble-t-il, le siège de leur état-major. Nous arrivons dans une espèce de maison fortifiée remplie d'hommes vêtus d'uniformes bleu foncé. Ils sont armés et semblent les maîtres de la ville tant ils se conduisent comme en pays conquis. Pendant qu'ils délibèrent sur notre sort, ils nous enferment dans une pièce pendant quelques heures, puis reviennent enfin nous annoncer qu'ils vont étudier notre cas. Traduction, ils sont en train de mener une enquête. Nous leur avons cependant inspiré une confiance toute relative, car en attendant les résultats nous sommes assignés à résidence dans un hôtel de Voiron. Là, nous serons libres de circuler mais uniquement à l'intérieur de la ville. Le petit hôtel dans lequel ils nous emmènent est bien loin d'être un « trois étoiles » ! Mais nous sommes heureux de pouvoir nous reposer un peu, reprendre nos esprits et réfléchir à comment nous sortir de là ! Profitant de la liberté qui nous est donnée, nous sortons visiter la ville, feignant la plus grande innocence. Sans savoir si nous sommes ou non suivis, nous repérons les accès pour sortir de la ville, ceux qui mènent vers Grenoble et Lyon. C'est à Grenoble qu'il nous faut retourner, nous n'avons pas d'autre point de chute et devons reprendre les contacts avec l'organisation. Pendant deux jours, nous « visitons » la ville et découvrons que deux trains sont en service ainsi qu'une ligne de car, celle que nous prendrons et qui relie Voiron à Grenoble. Les horaires sont notés, il s'agit juste de faire coïncider notre passage avec celui du car. Le troisième jour, tout en vérifiant que nous ne sommes pas suivis, nous nous éloignons tranquillement sur la route. Lorsque le car apparaît, d'un signe, nous l'arrêtons, grimpons dedans et direction Grenoble !

Vienne

Une fois rentré à Grenoble, je suis mis au repos et envoyé dans l'Isère, à Vienne avec un camarade arménien d'une quarantaine d'années. Nous sommes attendus par les familles arméniennes pour nous mettre au vert et apporter du matériel à l'organisation de résistance de Vienne. Nous avons chacun deux valises, l'une avec nos vêtements, l'autre remplie d'armes et d'explosifs. On nous a dit de prendre l'autocar reliant Grenoble à Vienne jusqu'à une station située à l'entrée de la ville. Lorsque nous arrivons, la nuit est tombée et le camarade qui devait nous attendre n'est pas là. Mais mon compagnon connaît bien la ville parce qu'elle est habitée par une forte colonie arménienne, dont sa famille. Il propose que nous la rejoignions en attendant de reprendre nos contacts. Nous commençons à avancer dans la nuit, en direction du centre-ville, sur une route longée d'un côté par la rivière, de l'autre par le flanc de la montagne. Nous marchons depuis dix minutes environ quand soudain deux lampes torches nous éclairent brutalement. Ce sont deux gendarmes en uniforme qui, dans la nuit, nous semblent énormes. Ils nous aboient de leur remettre nos papiers, les examinent minutieusement puis nous demandent :

— Qu'avez-vous dans vos valises ? »

— Nos vêtements ! Répondons-nous d'une voix unanime.

— Ouvrez !

Je me baisse, j'ouvre la valise de vêtements. Le gendarme se baisse aussi, remue l'intérieur de la valise, ne voit rien de suspect. Je retiens mon souffle. Et sans me demander d'ouvrir la seconde valise, il se tourne vers mon camarade et lui intime l'ordre d'ouvrir à son tour sa valise. Le camarade s'exécute. Comme moi, il se baisse, ouvre la première valise de vêtements. Après quelques secondes de fouille et de suspense, les gendarmes nous laissent partir ! Je ne saurai décrire la peur et le soulagement que j'éprouve alors !

Nous repartons sans encombre jusqu'à la famille de mon camarade où nous avons sommes reçus chaleureusement et cachés pendant quelques jours, le temps de reprendre les contacts.

Peu après, je suis logé dans un appartement qui nous sert de dépôt d'armes et qui donne sur une des rues principales ! Nous restons peu de temps à

Vienne et partons pour Sainte Etienne où je participe, avec toutes les formations de résistance de la région, à l'occupation d'une des mines. Nous avons réuni dans l'immense réfectoire plusieurs centaines de mineurs. Il est important pour nous de leur expliquer le sens de notre action. Nous ne sommes pas des bandits, nous combattons pour chasser les Allemands de France et à ce titre nous avons besoin d'explosifs et surtout de leur solidarité.

Cadouin

A la suite de cette opération, je reçois une lettre de ma mère qui m'annonce qu'elle est souffrante et souhaite me voir à Cadouin. Je ne l'avais pas revue depuis que j'étais parti à Lyon. J'obtiens une permission d'une semaine, avec, pour mon retour, une date, un horaire et un rendez-vous très précis pour reprendre contact avec l'organisation qui ne possède jamais d'adresse. Une seule personne sait où j'habite et pour qu'un camarade puisse me récupérer et me réintégrer dans l'organisation, les règles de sécurité sont très strictes et les mots de passe obligatoires.

Après avoir traversé pratiquement la France d'Est en Ouest dans un tortillard bondé, sans avoir pu m'acheter un sandwich, j'arrive à Cadouin et rejoins la vieille maison que mes parents louent à deux sœurs. Ma mère est très pâle mais debout et vaillante, toujours disponible. Elle me reçoit avec un grand sourire comme si nous nous étions quittés la veille. Je retrouve mon beau-père Samuel et sa machine à coudre, mon frère Jo, âgé de huit ans et le petit François très vif et mignon comme tout, âgé d'un peu moins de deux ans. En vérité, ma mère n'est pas si malade que ça, elle est juste normalement fatiguée mais je lui manquais. Elle ne soupçonnait pas quelle pouvait être mon existence dans la clandestinité, les actions que je menais et les réels dangers que je courais.

Ces quelques jours de détente dans la famille me font le plus grand bien et je repars au bout du sixième jour comme prévu, voyageant toute la nuit pour être présent au jour et à l'heure fixés. A mon arrivée, dans la matinée, je rejoins ma chambre. Mon rendez-vous est à quatorze heures, j'ai le temps de me reposer un peu. A l'heure dite, je suis sur place. Personne, mais il n'y a là rien de grave. Selon les consignes, le premier rendez-vous est toujours suivi d'un second de rappel pour pallier l'absence éventuelle du premier. A seize heures, au second rendez-vous, j'attends en vain. Personne ne vient. Je suis perplexe et très inquiet, j'ai peur du pire avec les arrestations, je rentre dans ma chambre. Le lendemain, comme je le craignais, le journal annonce l'arrestation de nombreux « terroristes ». Parmi eux je suppose, mon agent de liaison. J'ai très peu d'argent, j'erre dans la ville, ce qui n'est pas sans danger mais j'espère ainsi rencontrer une tête connue. C'est une idée folle car je ne suis à Saint-Etienne que depuis très peu de temps et je n'ai vu que deux ou trois camarades. Cette situation dure une semaine. Au bout de ce temps, il me faut payer le loyer, ce dont je suis incapable. Que faire ? En attendant, ma logeuse me met à la porte et je me retrouve dans la rue avec ma valise. Où aller ? J'échoue au Secours Populaire de l'époque, une boutique avec un bâtiment dans une cour où sont alignés des sommiers recouverts de matelas sommaires comme à l'armée. Je suis au milieu des miséreux de l'époque et je mange à la soupe populaire. Après quarante-huit heures de séjour, ne voyant toujours pas d'issue, je suis contraint d'envoyer un SOS à ma mère pour qu'elle m'expédie un mandat postal.

L'argent en poche, je reprends le train pour Cadouin.

1944 – 1945 Bergerac

Cadouin est un petit village tranquille. Au bout de quelques jours, il est clair que je ne peux rester sans attirer l'attention. L'oncle Jean, caché à Bergerac avec sa femme et ses deux filles, accepte de m'héberger et je repars tout de suite en autocar. Ils habitent à la sortie de la ville une minuscule bicoque au milieu d'un grand jardin de roses et nous nous retrouvons avec plaisir. L'oncle Jean travaille comme tailleur indépendant pour le plus grand magasin de vêtements de Bergerac. Il exerce là, au premier étage de l'atelier et m'engage aussitôt comme assistant.

Nous sommes au début de janvier 1944 et je reprends une « vie normale » même si le quotidien s'avère très dur et le rationnement sévère au point que nous sommes obligés de manger le pain tranche par tranche. Après tous ces mois passés seul dans l'illégalité, j'ai chaud au cœur de revivre en famille. Pour aller travailler tous les matins de la petite maison de banlieue jusqu'au centre-ville de Bergerac, il faut marcher deux à trois kilomètres sur une route départementale longée par un long mur de crépi. Un matin, alors que j'avance sur cette route, le rouge vif d'une affiche attire mon regard. Je m'approche et découvre avec stupeur le portrait de résistants de la MOI de Paris ! Ils viennent d'être arrêtés et sont décrits comme de véritables bandits.

La célèbre affiche rouge faisant état du statut de « traitre » par la propagande de Vichy, du groupe de FTP MOI parisien dirigé par Manouchian.

Je n'ai jamais oublié ce moment. Sous le choc, j'ai continué à marcher en pensant que j'aurais pu être l'un d'entre eux. En arrivant à l'atelier, j'ai gardé le silence. Mon oncle, comme ma mère, ne savait rien de ce que j'étais et de ce que je vivais depuis mon départ à Lyon. On ne me posait aucune question, et de toute façon, je n'aurais pas pu répondre.

Les semaines s'écoulent, je ne cesse de penser à cette affiche, je suis bouleversé. Nous ressentions douloureusement la propagande de Pétain dénonçant les résistants comme des traîtres à la patrie. Nos moyens, pour révéler la vérité aux Français, se limitaient souvent à des tracts clandestins et des journaux. Néanmoins, l'évolution des évènements extérieurs, les émissions à la BBC appelant à la résistance et dénonçant la politique de Pétain et son alliance avec Hitler ont contribué à faire évoluer l'opinion publique en notre faveur.

Puis ce fut le mois de juin 1944.

Le 24, dans la matinée, le patron du magasin qu'on ne voyait pratiquement jamais, pousse la porte de l'atelier, complètement surexcité : « Les Américains ont débarqué ! » s'écrie-t-il. Et de nous révéler alors qu'il est l'un des chefs de la résistance gaulliste de Bergerac, que toute une armée est en train de se constituer dans un bois à quelques kilomètres de là et que l'on recrute des volontaires. Je quitte l'atelier sur le champ, file à la maisonnette, embrasse ma tante et les cousines, prends un peu de linge et pars au lieu de rendez-vous pour m'engager.

On peut dire que la mayonnaise a pris en aout 1944. Les camarades du bataillon Carmagnole nous ont raconté une action qui s'est passée à Lyon pour libérer les copains prisonniers. Les allemands se trouvaient au parc de la tête d'or. Vive le maquis, vive la libération ! hurlait la foule. Les FTP se sont introduits à l'hôtel de ville et ont demandé au conseil municipal de quitter les lieux. La prison était abandonnée par les allemands. Le 2 septembre avec les américains, les FTP MOI participent à la libération de Lyon.

Max Tzwangue en uniforme de sous-lieutenant avec d'anciens camarades à la fin de la guerre.

Au camp, caché dans un bois, règne une grande agitation. Des centaines de volontaires arrivent de la ville à l'annonce du débarquement. Bientôt surgissent des hommes en uniformes et galons qui commencent à organiser les futures troupes. Les volontaires forment des sections, les sections, des compagnies, et les compagnies, des bataillons, c'est là le début d'une armée. Cette organisation dure pendant trois jours. Entre temps, j'apprends l'existence d'une unité des FTPF (Franc- Tireurs Partisans de France), et j'en rencontre le chef, surnommé Double-mètre à cause de sa haute taille. Il me propose de revenir dans quelques jours, le temps qu'il prenne contact avec son autorité supérieure pour vérifier mon identité. Je retourne au camp gaulliste et le lendemain, stupeur ! Ordre est donné que soient dissoutes immédiatement les unités qui viennent de voir le jour et que chacun rentre chez soi ! C'est l'émoi dans les rangs des volontaires ! Je recontacte Double-mètre pour l'informer de la situation. Avec son groupe, une trentaine de personnes, il propose à ces hommes désemparés d'intégrer la FTPF. Sans doute la présence de ce groupe est-elle parvenue aux oreilles des dirigeants gaullistes car un ordre interdit bientôt à tous les volontaires de sortir du campement. Après une négociation entre le responsable des FTPF et celui des résistants gaullistes, ceux qui le veulent peuvent librement rejoindre les rangs des FTPF. Ils seront une dizaine...

Périgueux

Après une semaine aux côtés des FTPF, je suis envoyé dans le maquis du Périgord pour recevoir une formation militaire dans une école de cadres clandestins. A partir du 23 août, tout va très vite. Le groupe de l'école de cadres reçoit l'ordre de rallier Périgueux. Sur notre chemin, nous traversons la ville de Terrasson. Les Allemands viennent juste de la quitter après avoir sauvagement fusillé des patriotes dans le cimetière de la ville. Quand nous arrivons, les hommes exécutés gisent encore sur le sol. Je suis désigné par mes camarades pour leur rendre hommage, eux qui viennent de mourir pour libérer leur ville. Je ne saurai décrire notre émotion face à ces hommes si jeunes, si proches de nous.

Notre groupe continue sa route libératrice vers Périgueux sur les talons des Allemands qui se replient en hâte. Nous entrons dans la ville le 24 août 1944, jour de mon 19ème anniversaire. La ville est en folie, plus aucune autorité ne subsiste, nous assistons, impuissants, à des scènes de violence où des femmes sont insultées et tondues parce qu'elles ont soi-disant pactisé avec l'ennemi... Partout, les gens dansent, chantent et hurlent. C'est l'explosion de joie de toute une population qui vient de subir l'occupation pendant trois ans.

Pendant trois jours, pour rétablir le calme, nous circulons en formations dans les rues de la ville, incitant les gens à rentrer chez eux et à reprendre leurs esprits. Avec mon groupe d'étudiants de l'école de cadres FTP, nous sommes aussi chargés de réquisitionner des vêtements et tout ce qui peut servir à vêtir les maquisards dont la tenue est des plus misérables. C'est ainsi que nous entrons à trois dans l'un des plus grands magasins de la place centrale de Périgueux, le magasin Lapasserie. Contrairement aux accueils précédents où nous étions considérés comme des pillards, nous sommes reçus avec un grand sourire par monsieur et madame Lapasserie qui nous laissent tout simplement nous servir ! Il n'y a malheureusement plus grand-chose dans le magasin… Mais ils nous invitent à déjeuner et c'est certainement le meilleur repas qui nous soit offert depuis longtemps. Nous découvrons le foie gras, le confit de canard et les omelettes aux girolles accompagnés d'un excellent vin. Enfin, si je souhaitais ne pas dormir à la caserne, les Lapasserie m'offrent même une chambre en ville, ce que je ne peux accepter, retournant à la caserne et à mes autres perquisitions.

C'est à ce moment-là que je suis nommé sous-lieutenant et affecté à un service spécial dépendant de l'Etat Major de Périgueux. Je suis responsable d'un groupe chargé de rétablir l'ordre public à Périgueux et d'arrêter si possible, les collaborateurs. Cette tâche est facilitée par l'occupation du local de la Gestapo. En fuyant, celle-ci a laissé bien en vue sur les bureaux les listes de tous ceux qui ont collaboré et dénoncé les patriotes...

Peu après la prise de mes fonctions, je reçois dans mon bureau, au siège de l'ancienne Gestapo, la visite d'une jeune femme éplorée. Elle m'explique que son fiancé, Henri Ross, est réfugié de Strasbourg, qu'il a été arrêté à la libération de Périgueux et qu'il fait partie des nombreux prisonniers qui remplissent les prisons depuis ces trois jours de folie. Emu par cette jolie jeune femme, je dépêche une enquête exceptionnelle à la prison. Effectivement, rien ne peut être reproché à cet homme, sinon qu'il soit alsacien ! Je le fais relâcher sans l'avoir jamais vu et, surprise ! De tous ceux qui se sont engagés à ce moment- là pour continuer la guerre avec nous jusqu'à la libération définitive sur le front de la Rochelle, je retrouve son nom dans la liste des nouveaux engagés. Je l'invite à venir à mon bureau et découvre un homme très sympathique, professeur de français à Strasbourg. Il devient secrétaire de la compagnie et me suivra jusqu'à la libération. Nous avons eu ensemble de longues soirées de discussions. Et nous nous sommes perdus de vue à la fin de la guerre.

Max Tzwangue 2019

Bordeaux

La guerre se poursuit. Une compagnie de volontaires s'est formée pour continuer à libérer la France et j'en suis l'un des dirigeants. Nous faisons route pour la libération d'Angoulême et de Bordeaux, ville qui fut le lieu de combats très durs. De nombreux collaborateurs se sont constitués en groupes armés et nous tirent dessus depuis les toits des maisons. A Bordeaux, à l'automne 44, je tombe malade, un grand coup de froid, et suis évacué à l'hôpital. Dans la grande salle, je suis l'un des rares à ne pas souffrir de blennorragie, conséquence des explosions de joie, aggravés par la pénurie de médicaments ! C'est un grand sujet de plaisanterie avec les infirmières.

Au bout de huit jours, je reprends mon poste à la tête de ma compagnie et nous recevons l'ordre d'aller sur le front de La Rochelle où les Anglais et les Américains ont débarqué. A St Georges des Bois, nous sommes reçus comme des libérateurs et invités dans le seul café de la ville. Le patron sort une bouteille qui semble être du vin blanc et me sert un petit verre. Je n'ai pas l'habitude de boire mais ce vin ci est très bon, très sucré. J'en demande encore. La tête me tourne, j'ai découvert le pineau des Charentes !

Max Tzwangue 2019

La Rochelle

Les forces alliées avaient pour objectif de détruire l'armée allemande. Elles fonçaient à travers la France, laissant derrière elles des poches de résistance allemande qu'elles n'avaient pu anéantir, Royan, St Nazaire et la Rochelle… Nous sommes chargés de les détruire mais sans qu'on nous en donne les moyens humains et matériels. Le climat est humide, les nuits sont longues et nous avons faim. Heureusement, la région est riche de beurre et de lait et j'organise des distributions de lait chaud aux soldats transis qui montent la garde la nuit. Lors d'un bombardement de l'artillerie de marine allemande, nous perdons des hommes de ma compagnie. Je me souviens avoir retrouvé le cuisinier sur sa cantine, coupé en deux par un obus. A la Rochelle, les Allemands se sont enfermés dans le port, solidement armés, notamment des canons des bateaux de guerre de la marine. Nous sommes en face, sous les ordres du général de Larminat, juste armés des fusils que nous avons depuis notre départ du maquis et de deux ou trois canons pour tout le front, abandonnés à notre sort par toutes les autres forces françaises et alliées qui poursuivent les Allemands en retraite vers l'Allemagne. Nous ne pouvons déloger les Allemands tant le rapport de force nous est défavorable. Un siège s'instaure qui durera jusqu'à la fin de la guerre, lors de la contre-offensive allemande des Ardennes, le 16 décembre 1944. Les assiégés de La Rochelle tentent alors de faire la jonction avec cette armée allemande et nous sommes repoussés dans la campagne vendéenne. Notre rôle principal aura été d'arrêter tous les collaborateurs repliés à la Rochelle avec les Allemands, certains d'entre eux tentant de traverser nos lignes pour s'enfuir et se faire oublier de la France libérée.

La fin de la guerre

Fin janvier 45, le siège prend fin avec la victoire de la bataille des Ardennes. Ma compagnie est dissoute. La plupart des hommes regagnent leur foyer. Pour ma part, je suis envoyé à l'école des cadres de Maniaque-Laval où je suis censé poursuivre mon apprentissage sur le maniement des armes et le commandement, ce que j'exerçais déjà dans la pratique depuis le débarquement… J'apprends tout de même la dénomination exacte des pièces composant les armes dont on s'est servies pendant ces dernières années !

En vérité, je l'ai compris plus tard, le but poursuivi par l'Etat Major consistait, après un tri, à renvoyer dans leur foyer les résistants qui avaient joué un rôle pendant la guerre et en particulier ceux qui avaient eu des responsabilités.

Après Maniaque-Laval, je suis envoyé à la caserne du 35ème régiment pour la classe 45 qui vient d'être appelée pour accomplir son service militaire. La guerre est finie. Mais pour moi, je suis dans un cycle, sur la lancée de la guerre et je ne sais pas encore ce que vais faire de ma vie. Tandis que je m'interroge, je suis soudainement affecté au 19ème bataillon de Chasseurs Alpins. On m'envoie en occupation à Lindau, en Allemagne, sur le lac de Constance où je suis nommé interprète (le yiddish est très proche de l'allemand). Je n'ai jamais eu à exercer cette fonction si ce n'est dans de vaines tentatives auprès de jeunes Allemandes qui nous craignaient et dont on nous avait dit de nous méfier. Ou bien encore lors de mises en garde des autorités contre des bandes de nazis écumant la région et cherchant à fuir l'Allemagne.

Je reste à Lindau à ne rien faire, sinon de longues balades au bord du lac. Au bout de deux mois, le commandant de mon régiment me convoque : j'ai le choix entre m'engager pour la guerre d'Indochine qui commence ou me faire démobiliser. Je lui réponds que pour moi, j'ai fini ma guerre avec la défaite des Allemands et des nazis, que je n'ai rien à faire en Indochine, que je demande ma démobilisation. Je m'étais engagé par écrit uniquement pour la durée de la guerre contre les Allemands.

Je rentre en France et m'arrête à Limoges pour être officiellement démobilisé. Le seul endroit où j'ai envie d'aller maintenant, c'est à Périgueux, chez les Lapasserie, eux qui m'ont si bien accueilli lors de la libération de la ville. Ils me proposent une seconde fois une chambre, cette fois dans leur grand appartement et m'invitent à rester autant de temps que je le désire. J'accepte, je me sens comme en famille. Ils ont une soixantaine d'années, Madame Lapasserie est plutôt petite, toujours souriante, très chaleureuse. Son mari, assez grand et sec cache sous son aspect bourru un homme très affectueux. Les Lapasserie ont, semble-t-il, des enfants déjà grands qui ne vivent plus avec eux. Monsieur Lapasserie possède une chambre de musique dans l'appartement. Je n'imaginais même pas que cela puisse exister ! Il m'invite à écouter ses disques préférés sur un appareil américain qu'il a commandé spécialement des Etats-Unis. J'apprends que les Lapasserie sont aussi de grands catholiques pratiquants et sont loin d'être sectaires. Ils ne me posent aucune question sur ce que je suis, ni sur ce que j'ai vécu pendant la guerre. Ils m'acceptent tel qu'ils m'ont rencontré et m'offrent l'affection que l'on donne à un fils. Je reste une vingtaine de jours avec eux. Après le tumulte de la guerre, de la résistance, des combats, de la clandestinité, de la séparation, de l'isolement, ce séjour est comme une oasis de paix. Les marques d'affection que je reçois de leur part, je le sais maintenant, m'ont permis de repartir dans la vie. Je n'imaginais pas à quel point j'en aurai besoin.

3) Retour   1945 - 1950

Paris

Après mon séjour chez les Lapasserie, je pars à Clermont-Ferrand revoir ma mère. Elle vit avec Samuel et mes deux petits frères place des Carmes, en face de l'usine Michelin. Mon beau-père a repris son atelier, ma mère l'assiste. Je réalise très vite qu'il n'y a pas de place pour moi dans ce foyer et je vais chez mon père qui a retrouvé son appartement, à Montélimar. Il m'apprend que lui aussi a été engagé comme maquisard dans un autre groupe de résistance que le mien. Grâce à cela, il a pu acquérir la nationalité française. Il a lui aussi retrouvé son activité de tailleur qu'il exerce avec Tola, son épouse. Je passe quelques jours avec eux, mais très vite je m'aperçois que là non plus je n'ai pas ma place. Il ne me reste qu'à repartir à Paris, là où je suis né, là où j'ai grandi.

Je débarque un beau matin à la gare de Lyon, avec en poche après trois ans de guerre ma prime de démobilisation, soit l'équivalent de cent cinquante euros de l'époque. Je ne connais plus personne et je suis surpris par les bruits de la ville que j'ai quittée à l'âge de quatorze ans, en 1939.

Maintenant, j'en ai vingt. Je n'ai qu'une adresse, celle de deux anciens camarades de Lyon, Gérard et Gaston. Je m'y rends aussitôt. Il s'agit d'un atelier de confection qu'ils viennent de créer tous les deux. Ils fabriquent des canadiennes, ce manteau trois quart en toile écru doublé d'une peau de mouton, et me proposent de travailler avec eux en qualité d'ouvrier puisque je sais piquer à la machine. De camarades de résistance, les voilà mes patrons… Ainsi, c'est cela, la paix revenue, chacun dans son camp ? D'un côté les patrons, de l'autre, les ouvriers… Je suis triste. Etant donné les moments difficiles que nous avons vécus ensemble pendant la résistance, de notre vie dans l'illégalité, j'aurais souhaité qu'ils m'associent à leur entreprise. Mais non. Ils ne pensent même pas à me demander si je suis logé quelque part et je me garde bien de leur en parler. Je n'ai pas de chambre à Paris, aucun lieu où je puisse m'abriter, J'accepte leur proposition.

C'est ici l'une des périodes les plus difficiles de mon existence. Pendant une dizaine de jours, je suis littéralement à la rue. La journée, je travaille à l'atelier, la nuit, j'erre dans les rues de Paris. C'est ainsi que je découvre la rue de Lippe et son dancing. Comme je ne sais pas danser et que je n'ai pas d'argent pour inviter les jeunes filles, je reste là jusqu'à l'aube assis avec un jus de fruit. Une fois dehors, à l'heure de la fermeture, j'erre dans les rues en attendant de pouvoir retourner travailler à l'atelier. Un soir, je rencontre par hasard un ancien camarade de résistance. Il me propose de passer une nuit dans sa chambre, me donne l'adresse et me demande d'être là à vingt et une heures. Le soir dit, j'arrive chez lui. Personne. Je me suis assis sur les marches de l'escalier et me suis endormi. Le lendemain matin, il m'a réveillé en s'excusant. Il avait fait une bonne rencontre et m'avait totalement oublié. Nous nous sommes séparés sans qu'il me propose une nouvelle fois sa chambre.

A force d'errer, je finis par tomber sur une de mes anciennes connaissances qui me communique l'adresse de ma cousine Fanette, la fille de Garbaz. Elle vit dans le 19ème avec un copain, rue Tandou, dans un tout petit appartement d'une pièce cuisine au-dessus d'un chiffonnier. Elle m'accueille avec beaucoup de gentillesse et me propose de dormir à la cuisine, dans un sac de couchage. J'accepte avec reconnaissance et je retrouve la Fanette qui me protégeait quand j'étais petit.

Je partage avec elle et son ami le gîte et le couvert. Le fait de ne plus être à la rue me permet de réaliser que j'ai tout de même reçu une formation d'ouvriertailleur les deux premières années de guerre par mon oncle Jean et mon beau-père Samuel. Je décide de ne plus retourner travailler avec mes soi-disant camarades et me mets à chercher de nouveaux employeurs. Bientôt, j'ai la chance d'être engagé par un tailleur arménien de la rue de Rome qui tient une boutique avec atelier et dont les principales clientes sont les prostituées du quartier de l'Europe. Il se montre d'une grande gentillesse avec moi. La cabine d'essayage est attenante à l'atelier tout petit dans lequel je travaille. On y accède par une petite porte et lorsque le patron pratique des essayages sur ses clientes, il laisse exprès la porte entrouverte. Grâce au miroir qui me fait face, je peux apercevoir ces dames en petite tenue, ce qui ne semble pas les gêner pour autant !

De chez Fanette à la Rue Georges Lardennois

Je dors chez Fanette depuis plusieurs semaines déjà quand Les Lapasserie, ma famille adoptive de Périgueux, m'annoncent leur venue à Paris pour un court séjour et m'invitent à les rejoindre à leur hôtel. Au dîner, je leur raconte mes péripéties depuis que je les ai quittés. Très émus, ils me proposent de rencontrer la fille de leur gouvernante, âgée de trente-cinq ans. Elle est mariée à un cadre de la Poste et ils vivent à Paris.

Je suis bientôt reçu chez eux. Ils habitent sur le stade Bergère un lieu pavillonnaire insoupçonné au bout de la rue Georges Lardennois, près des Buttes Chaumont. Ils possèdent là un magnifique appartement, très moderne, au premier d'une grande villa de deux étages. Je suis ébloui par ce lieu. Le second étage est occupé par un autre locataire, le rédacteur en chef du journal yiddish si familier « La Presse Nouvelle », ce que j'apprendrai plus tard. Ce couple est sans enfant. Cette femme sera la marraine de Didier, mon fils aîné, un vrai baptême rouge, à la mairie, sans passer par l'église. Le rédacteur en chef n'en a jamais rien su ! Ils sont très chaleureux et m'invitent à plusieurs reprises. Peu à peu, je finis par devenir l'un de leurs proches. Ainsi, lorsque quelques mois plus tard, le mari est muté en Indochine, ils me proposent de garder leur appartement pendant leur absence. Je suis enchanté! Après les nuits d'errance dans Paris, une nuit entière passée sur une marche d'escalier et plusieurs mois dans un sac de couchage sur le sol d'une cuisine, pouvoir jouir d'un appartement si luxueux est inespéré ! Misère et splendeurs d'un ancien résistant !

J'ai vingt et un ans, je vis dans un bel appartement. Malgré mon travail rue de Rome et cette aisance matérielle imprévue grâce aux Lapasserie, Il me manque un lieu, une activité où je pourrai m'accomplir. Ce sentiment très fort de complicité et de camaraderie qui m'habitait au sein de notre groupe FTP MOI, comment puis-je le retrouver ? Bien sûr, j'ai eu raison de demander ma démobilisation. L'armée n'était pas une fin. Ce retour à la vie civile, où je côtoie un patron, des petits chefs, des gens convenus qui pourraient avoir été miliciens, vichystes, ou simplement rangés sans esprit critique du côté du pouvoir, comme s'il ne s'était rien passé, me gêne. Il me manque dans cette nouvelle vie d'agir pour un idéal collectif. Aussi je renoue avec d'anciens camarades de l'Union des Jeunesses Juives. De fil en aiguille, je découvre le théâtre que je pratique avec Fanette. Nous avons formé une petite troupe et montons une pièce à partir du livre de Maxime Gorki « La mère ». C'est l'histoire de l'exploitation de Pavel, le héros, qui travaille dans une usine de la Russie tsariste. Le spectacle raconte une tentative de grève durement réprimée par la police du Tsar. On m'attribue le rôle du méchant patron de l'usine. Le soir parfois, nous nous prêtons au jeu en déclamant dans la cuisine des dialogues que nous imaginons en cherchant la réplique la plus juste. Ma vocation théâtrale est née !

Le théâtre m'apporte beaucoup. Il me rappelle la période où pour échapper à la milice, je lisais les classiques pendant des heures à la bibliothèque. C'est comme une philosophie, une façon de nourrir la vie en société. Je préfère les textes qui s'attaquent à des sujets actuels, car ils nous font réfléchir sur les contradictions du moment. Est-ce que le tournant social de 1936 qui a repris avec le Conseil National de la Résistance va pouvoir poursuivre ses réformes ? Je me souviens de Léon Blum et de Jean Zay emprisonnés, non par des Allemands mais par des Français. Pourquoi cette guerre a-t-elle eu lieu ? Il faut se réconcilier avec les autres que nous côtoyons et accueillir l'histoire qui est en train de se faire. Quoi de plus riche que le théâtre pour partager cette réflexion lorsqu'elle se penche sur ces questions ? Le face à face commence lorsqu'une parole est prononcée sur la scène. Elle nous questionne. La vaillance, l'aisance je les avaient. Mais déclamer devant mes camarades, cela m'a aussi apporté la diction, le ton juste que je mis à profit dans cette première pièce où l'argumentation entre les forts et les faibles est essentielle. Une fois embarqué, le cœur réagit toujours avec fraicheur devant ce qui lui parle vraiment. Quoi de plus profitable qu'une réflexion sur les sujets qui nous attachent aujourd'hui, comme transmettre le mieux possible l'héritage de la Shoah, comme remettre en cause les rapports sociaux archaïques qui ont fait prospérer le nazisme et qui doivent se moderniser.

Tout cela réveille en moi une vocation de militant et de syndicaliste.

Nous répétons dans un local désaffecté de la rue Basfroi. Dans une salle à côté de la nôtre se déroulent les répétitions d'une chorale composée de jeunes de notre âge. Comme nous ne sommes que quelques comédiens, nous proposons aux choristes de figurer la foule des ouvriers en grève. Et c'est ainsi que naît le groupe « Espoir » qui sera parrainé quelque temps par le journal des jeunes « L'Avant-Garde ». Ce spectacle que nous avons monté a été présenté avec un certain succès dans un théâtre aujourd'hui disparu, le théâtre Moncey, dans le 7ème à Paris.

Pendant les grandes grèves de 1947 initiées par les ouvriers pour que soient acquis leurs droits reconnus par le Conseil National de la Résistance, nous sommes allés dans les usines réciter des poèmes et jouer des scénettes devant les grévistes.

Max Tzwangue 2019

Mariage

Ces années successives à la fin de la guerre, je travaille dans les nombreux petits ateliers de confection saisonniers de Paris, la plupart concentrés autour des 10, 11, 19 et 20ème arrondissement de Paris. Je suis ce qu'on appelle « saladeur », une spécialisation très qualifiée de la confection masculine. Il s'agit de monter les cols et les manches sur les vestes, opération finale de la fabrication d'un vêtement. Les autres opérations de préparation sont l'affaire d'une mécanicienne. Dans l'un de ces ateliers, nous étions trois, le patron, la mécanicienne et moi. C'était une femme de moins de cinquante ans nommée Denise, et dont la machine à coudre faisait face à la mienne. Tous les soirs, vers dix-huit heures, sa fille venait la chercher. J'avais vingt-cinq ans, elle en avait à peine dix-huit. Elle était très jolie, brune avec de longs cheveux qui descendaient jusqu'à sa taille. Sa mère était slovaque, son père, hongrois. Il était retourné en Hongrie et avait disparu, abandonnant femme et enfants. Je n'en ai jamais entendu parler. La jeune fille s'appelait Maria Félicia Nagy, surnommée Lili. Elle suivait des cours à l'école de coupe pour s'installer comme couturière, ce qu'elle ne fit jamais. Je fus très amoureux d'elle. J'avais déjà fait la connaissance d'autres femmes à Bordeaux, St Georges des Bois... pendant le siège de La Rochelle, mais toujours sans conséquence. C'était la première fois que j'aimais vraiment. Denise, sa mère, a dû finir par s'en apercevoir car elle m'a invité à déjeuner chez elle un dimanche à Courbevoie, là où elles vivaient toutes les deux. Elle avait aussi un fils, Robert, mais il s'était engagé pour l'Indochine et je ne le rencontrai que plus tard, lors de sa démobilisation. L'appartement de Courbevoie était situé dans un immeuble insalubre. Il se composait d'une salle de séjour, d'une toute petite cuisine et d'une seule petite chambre à coucher. C'est sur le lit dressé dans le couloir attenant à la cuisine que Lili dormait.

Pour ce premier déjeuner, sa mère m'avait préparé un repas hongrois. Je ne me rappelle pas la saveur des plats qu'elle m'avait servis n'ayant d'yeux que pour sa fille qui baissait les siens, pudique et silencieuse. Après ce premier repas, j'ai pu inviter seule Lili à se promener avec moi le dimanche et la ramenais sagement à la maison en fin d'après-midi. C'est dans l'obscurité d'une salle de cinéma que nous avons échangé notre premier baiser et je ne me souviens pas plus du film que de mon premier repas. Les mois passèrent ainsi jusqu'aux vacances d'août 1950 où la mère et la fille avaient loué une petite maison sur la côte, non loin du Lavandou. Je vins passer une semaine avec les deux femmes et c'est là, avec l'accord tacite de la mère, que nous fîmes bibliquement connaissance, Lili et moi.

Le mariage eut lieu le 7 octobre 1950, à la mairie de Courbevoie. Le repas de noce fut organisé rue de Lancry, dans l'appartement de mon oncle Jean, en compagnie de Mathilde, ma tante, de mes deux cousines, d'un cousin Lampert, présent par hasard, et de maman, venue tout exprès de Clermont-Ferrand.

Nous nous sommes installés dans le petit deux pièces de Courbevoie et ma belle-mère a dû évidemment céder son lit, puis son appartement. Elle est allée habiter à Arcachon, ville dans laquelle elle avait vécu pendant la guerre avec Lili avant de monter à Paris à la Libération. A Arcachon, elle s'est installée comme marchande d'huîtres à l'étal d'un restaurant près de la plage et nous l'avons rejointe pour les vacances, l'été qui a suivi notre mariage.

1952-1956 Le syndicalisme

A la rentrée, la vie s'organisa. Lili restait à la maison et j'allais travailler à Paris entre deux mortes saisons dans des ateliers de confection. Le travail de la confection masculine était très dur. Il fallait pendant les dix à douze heures que duraient les journées de travail, produire un maximum. Nous étions payés aux pièces, le travail n'était pas régulier, entrecoupé de mortes saisons et l'allocation chômage misérable. La vie était très difficile.

Un jour, je suis allé à la Bourse du travail où siégeait le syndicat CGT de la confection et j'ai fait la connaissance du secrétaire du syndicat, un vieil ouvrier qui m'ouvrit à l'histoire du syndicalisme. Tant et si bien, que j'adhérais bientôt.

Avec ce secrétaire et d'autres camarades, nous avons décidé de mettre en place une protection sociale pour le secteur de la confection masculine. Il était jusqu'alors livré au bon vouloir des patrons qui pouvaient engager et licencier comme bon leur semblait. Une vraie forme de CPE ! (Contrat première embauche avant la lettre dont le projet de loi sous le gouvernement Villepin en 2006 fut très décrié) Grâce au travail mené, nous avons réussi à établir une grille tarifaire correspondant aux différents groupes d'opérations qu'il fallait exécuter dans ce secteur de l'habillement, soit les vestes, pardessus, pantalons et gilets. Plein d'espoir, nous avons ensuite proposé cette grille au syndicat patronal. Bien entendu, il la refusa ! Ces petits patrons étaient eux-mêmes exploités par des patrons plus importants et se sentaient bien plus tranquilles sans souci de tarification comme cela avait toujours existé. Au final, non seulement les tarifs restèrent inchangés mais je ne pus bientôt plus trouver de travail nulle part !

A cette même période, le secrétaire du syndicat de la régie parisienne désirait prendre sa retraite après de nombreuses années de dévouement. Il proposa heureusement ma candidature au conseil syndical et c'est ainsi que je fus élu secrétaire permanent du syndicat de la confection masculine de la Région Parisienne.

Avec ce poste, commence là une grande époque de ma vie. Je m'engageais totalement, découvrant peu à peu les rouages de la CGT et de l'ensemble du mouvement ouvrier syndical. J'entrepris alors avec ma délégation, soit une quinzaine de personnes, l'élaboration d'une convention collective qui concernerait toute la Confection Masculine. La délégation du Syndicat de la Confection Masculine de la Région Parisienne, dont j'étais le Secrétaire Permanent et le responsable des négociations, était formée de représentants des différentes entreprises de la RP. Les négociations furent l'objet de longs mois de discussions acharnées et d'échanges savoureux, comme lorsque nous avons demandé un congé d'une semaine lors d'un mariage. « Vous n'y pensez pas ! répondirent les patrons sans réfléchir ! Il va y avoir des abus ! » Quitte à faire exploser les statistiques de l'INSEE, nous avons tout de même obtenu gain de cause !

La difficulté principale que nous rencontrions était l'impossibilité de pouvoir définir le degré de qualification professionnelle nécessaire pour telle ou telle opération. Ainsi, piquer les coutures d'une doublure demandait-il plus ou moins de qualification que monter directement une manche à la machine ? Connaissant toutes les opérations nécessaires à la confection d'un costume, on imagine la complexité d'une telle tâche ! Commencées en 1956, ces négociations avec le syndicat patronal eurent enfin une heureuse conclusion avec la signature et la parution au Journal Officiel de la première convention collective de la Confection Masculine, le 17 février 1958.

Le rapport Khrouchtchev

Entre-temps, une bombe éclate : le journal Le Monde publie « le rapport Khrouchtchev », c'est-à-dire ce qui s'est passé dans la nuit du 24 au 25 février 1956, à Moscou, lors du XXe Congrès du Parti Communiste d'URSS. Nikita Khrouchtchev, fait un discours de clôture aux délégués du parti pendant quatre heures. Il va leur lire un rapport secret dont il leur sera expressément demandé de ne divulguer aucun extrait écrit à l'extérieur.

Séance du XXe congrès du Parti Communiste d'URSS mené par Nikita Khrouchtchev

Le secrétaire général accuse son prédécesseur Staline de crimes ignobles, hélas bien réels. Notamment de la mise en accusation et de l'exécution de nombreux dirigeants communistes lors des grands procès de Moscou, vingt ans plus tôt, parmi lesquels Trotski. Il condamne également le culte de la personnalité qui a entouré le *« petit père des peuples »* et met en cause ses qualités de stratège pendant la Seconde Guerre mondiale. Il reconnaît cependant à Staline un *« rôle positif »* dans la collectivisation des terres et l'industrialisation du pays malgré la déportation et le massacre de plusieurs millions de Soviétiques dans les années 1931-1936 !

Je n'en crois pas mes yeux, je ne comprends pas, je suis totalement déboussolé. Un monde s'écroule. A l'exemple de mes parents qui m'avait inscrit dès l'âge de sept ans à « La Bellevilloise » et en 1936, aux pionniers des Jeunesses Communistes, et ce jusqu'à la déclaration de la guerre, ma vie était rythmée par les réunions, les sorties avec ces organisations de gauche. Mon entrée dans la clandestinité lors de mon arrivée à Lyon en 1940 à l'Union de Jeunes Juifs Communistes, mon adhésion au parti communiste clandestin en 1943 quand j'étais résistant à la Main d'Œuvre Immigrée, mon engagement syndical, tout, dans ma vie, avait été guidé par l'idéal d'une société plus juste, un parti auquel j'adhérais totalement, le seul à mes yeux à pouvoir nous amener cette société dont je rêvais. Pendant les nuits noires de l'occupation, nous n'avions d'yeux que pour l'Union Soviétique, la seule capable pensions-nous de répondre à cet idéal. Nos deux seuls espoirs étaient l'Armée Rouge, incarnée par Staline à la suite de Lénine, et des Américains. A la lecture du rapport Khrouchtchev, je découvre que Staline aurait fait déporter et exécuter tous ceux qui pouvaient l'empêcher d'accéder au pouvoir, et ce en les proclamant traîtres à l'idéal socialiste, ce que révèlent les procès de Moscou ! Je ne peux croire alors ce que je lis. C'est une invention de la droite, on parle de la CIA qui aurait fourni cette information au New-York Time ? c'est impossible autrement, pourquoi rien n'a-t-il jamais été évoqué dans l'Huma, mon journal quotidien ? Je voudrais en parler avec les camarades qui m'entourent, avec les responsables syndicaux ou politiques, mais je me heurte à un mur. Aucune réponse. Pour eux, ce sont purement des calomnies de droite. Pourtant... Le rapport semble sérieux. On y dénonce les déportations massives, les arrestations arbitraires « d'honnêtes communistes et de chefs militaires traités en ennemis du peuple », l'incapacité du dictateur dans les préparatifs de guerre, son caractère irascible, y compris dans ses rapports avec les partis communistes frères. Le rapport ouvre le procès de l'ancien dictateur mais pas celui du système qu'il a mis en place. La critique relatée dans La Pravda, se fonde essentiellement sur la dénonciation du culte de la personnalité et s'efforce de dédouaner le parti des excès du stalinisme. « Le culte de la personnalité est un abcès superficiel sur l'organe parfaitement sain du parti ». Faut-il le croire ? Je suis perplexe, désemparé. Progressivement, il m'apparaît comme une vérité historique. Incontournable. Aujourd'hui, alors que j'évoque ces évènements, je réalise que ces révélations sur l'Union Soviétique et sur le rôle de Staline, m'ont tellement troublé, et me troublent encore, que j'ai l'impression d'être dans ce même brouillard où je me trouvais alors. Au point que je ne parviens pas à mettre un ordre exact dans les évènements qui ont suivi ce coup de tonnerre ! Il me semble qu'une fois ceux-ci connus, j'ai quitté rapidement le PC et mes responsabilités syndicales. En fait, en regard des dates, cette rupture n'a pas été aussi radicale que je l'aurais crue. Jour après jour, elle s'est cependant imposée à moi. En 1959, je quittais le parti communiste.

1954-1960 La naissance des enfants

Pendant ce temps, le 10 mars 1954, un grand évènement est venu bouleverser notre vie : la naissance de Didier à la polyclinique des Bleuets dans le 10ème arrondissement de Paris ! Dès les premières douleurs de Lili, nous avons pris un taxi lequel, de Courbevoie, nous a emmenés jusqu'à cette célèbre maternité, première du genre à pratiquer l'accouchement sans douleur, alors inconnu en France. Cette forme d'accouchement, courante en URSS, bouleversait l'idée reçue qu'il fallait mettre enfants au monde dans la douleur. Si cette volonté d'épargner un maximum de souffrance aux femmes était formidable, la réalité fut tout autre. L'accouchement fut difficile. Lorsque je vis dans une couveuse mon bébé entièrement jaune et le crâne tout en longueur, je fus douloureusement stupéfait ! Au fond de moi, je me suis demandé si C'était mon fils ! Heureusement, au bout de quelques jours, il prit un aspect plus conforme à ce que j'espérais d'un nouveau-né jusqu'à devenir un adorable bambin. Ainsi, l'accouchement ne fut pas sans douleur.

Didier était un bébé très braillard. Pour qu'il s'endorme enfin, il fallait lui tenir la main, ce que je fis bien des nuits avec bonheur. Ce souvenir m'émeut encore aujourd'hui d'autant qu'il est devenu un homme de plus de soixante ans et de plus d'un mètre quatre-vingt-dix !

Trois ans plus tard, le 22 novembre 1957, naquit un second garçon, Marc. Je me souviens, ce jour-là je rentre du travail, j'arrive à l'appartement. Personne ! C'est la concierge qui m'annonce que Lili a accouché subitement à la maison et que le médecin, appelé d'urgence, l'a conduite à l'hôpital de Courbevoie avec le bébé. A mon arrivée à l'hôpital, je découvre un bébé en pleine forme, tout rose et bien vivant ! C'est ainsi que nous nous sommes retrouvés à quatre dans le petit appartement de Courbevoie.

Beauregard

Alors que nous aurions préféré rester à Paris, en 1960, La Caisse d'Allocations Familiales de la région parisienne nous attribue un logement dans le domaine de Beauregard, à La Celle-St-Cloud. Le comte de Beauregard avait cédé son vaste domaine à la ville de Paris à une condition : que l'on fasse construire sur ces terres, plusieurs centaines d'hectares, des logements sociaux, y compris une école primaire. Cet ensemble, disait-on, allait devenir le 21ème arrondissement de Paris !

Domaine de Beauregard, nouvelle résidence HLM créée dans les années 60 à La Celle-St-Cloud.

Nous avons emménagé dans un appartement de trois pièces au premier étage d'un immeuble qui en comprenait trois. Le domaine nous parut magnifique. De grands espaces verts et de l'air pur ! Ce fut un changement radical de notre quotidien. Didier entra à l'école primaire du domaine dès qu'elle fut construite, à quelques dizaines de mètres de notre maison. A la récréation, on pouvait le voir jouer dans la cour avec les autres enfants. Marc, encore petit, le regardait et pleurait pour le rejoindre. Nous étions arrivés parmi les premiers dans cette résidence. Peu à peu, elle se peupla, ce qui permit aux femmes de se retrouver moins seules une fois les maris partis travailler.

Dans un des baraquements édifiés par les ouvriers lors de la construction du domaine, nous avons créé un lieu de rencontres et un ciné-club où étaient organisés séances et débats. Ainsi, des amitiés se lièrent entre les habitants. Le trajet que j'avais à effectuer de la maison à la place de la République, à pied, en train et en métro, me prenait quatre heures par jour mais la vie de famille était confortable.

Comme dans de nombreux foyers, l'achat de la télévision bouleversa notre quotidien. Les enfants étaient couchés à huit heures et nous attendions qu'ils soient au lit pour regarder la télé, Lili et moi. Un soir, la porte de la chambre s'ouvre et Didier, alors âgé de sept ans apparaît une pancarte à la main suivi de près par son frère : « Nous voulons regarder la télévision ! » Nous avions conçu là de la graine de militant ! Par nos rires, ils avaient gagné le droit de rester désormais avec nous devant la télé une demi-heure de plus.

Max Tzwangue 2019

1961-1963 Sanatorium et guerre d'Algérie

Cette période marque le début d'une autre vie tant sur le plan familial que professionnel et international. Avec les évènements d'Algérie, le putsch d'Alger et la menace d'une prise de pouvoir militaire une espèce de fièvre s'était emparée de la population. Au domaine de Beauregard, nous sommes obligés d'organiser des rondes la nuit pour rassurer les résidents. Le bruit circule que des parachutistes venus de l'armée algérienne peuvent apparaître à tout moment, renverser le général de Gaulle, s'emparer du pouvoir et instaurer une dictature militaire ! On connaît la suite de l'Histoire qui s'achèvera par l'indépendance de l'Algérie et l'arrivée massive des Français d'Algérie, « les pieds noirs », en 1962.

Nous sommes en 1961, c'est la pleine saison avant Pâques, je travaille beaucoup et ne réponds pas à un premier contrôle médical annuel auquel je suis convoqué en avril. En octobre, on me convoque une nouvelle fois. Je passe les visites de rigueur, quand, quelques jours plus tard, on me demande de revenir pour subir un examen plus approfondi des poumons. Je suis inquiet, d'autant que l'on m'annonce la découverte d'une tache au sommet du poumon gauche. Je dois cesser de travailler immédiatement et rentrer à l'hôpital Laennec pour des examens complémentaires. Quelques jours plus tard, je me retrouve allongé sur un lit dans une salle remplie par au moins une trentaine de tuberculeux ! Tous les matins, je vois défiler de mon lit tous ceux qui vont recevoir des rayons. Je suis atterré. Le médecin, un homme très sympathique, entreprend toute une série d'examens pour connaître la nature exacte de mon infection et pendant cinq semaines, dans la plus grande incertitude, je reste là, au centre de ce mouroir, à me morfondre. Nous n'avons que peu de droits, juste ceux d'aller et venir dans les couloirs de l'hôpital, de lire, et de recevoir des visites. Ces dernières furent très rares, on s'en doute. Il était déconseillé que Lili et les enfants prennent des risques tant qu'on ne connaissait pas la nature du mal. Curieusement, je n'avais pas non plus de visite de mes camarades syndicaux avec lesquels je me croyais le plus proche. De fait, mon mandat syndical s'était arrêté de force par mon entrée à l'hôpital, mais je ne m'expliquais pas ce silence. J'étais pourtant responsable régional et national ! Était-ce une incidence du rapport Khrouchtchev ? Je n'avais pourtant jamais confié ce que j'avais ressenti, jamais fait part de mes désillusions. Il n'y avait d'ailleurs eu aucun débat dans les instances politiques et syndicales dans lesquelles je militais assidument... Aujourd'hui, je n'ai toujours pas d'explications. Je ne sais qu'une chose, c'est qu'à partir du moment où j'ai été hospitalisé, je n'ai pas revu un seul de ces camarades avec lesquels j'ai milité pendant tant d'années, excepté un militant syndical que j'évoquerai plus tard.

Un beau matin enfin, après cinq semaines d'attente, le médecin pendant sa tournée, s'approche de moi : « Je suis soulagé, me dit-il avec un grand sourire, vous n'avez pas un cancer, ce n'est que la tuberculose… ». Et il me propose de partir dans un sanatorium au-dessus de Tours.

Ce sanatorium à la campagne est une bouffée d'air frais. Je m'accorde des siestes prolongées sur une grande terrasse, je lis beaucoup et je vais apprendre à connaître mes compagnons d'infortune. Je bavarde ainsi très longuement avec le docteur responsable de l'établissement, il me confie que nous sommes une centaine de malades, et que sur ce nombre, soixante sont Français et quarante originaires d'Afrique du Nord. L'ennui, c'est que nous sommes à ce moment-là en pleine guerre d'Algérie et, comme je m'en aperçois rapidement, l'ambiance est particulièrement tendue entre les deux communautés. Ce qui ne favorise pas la guérison des malades d'Afrique du Nord, d'autant qu'à son grand désespoir, le médecin retrouve les médicaments dans les fourrés ! Il existe pourtant une association des malades à la tête de laquelle le président est censé faire la liaison entre malades et corps médical, mais celui en place, il est en fin de séjour. Qui pourrait le remplacer ? Finalement, seul candidat à cette présidence (!), je suis élu par les malades. Après un long entretien avec le directeur, je propose une première Assemblée Générale qui réunirait malades et corps médical. Cette assemblée n'est qu'un demi-succès face à l'absence quasi-générale des malades algériens.

Il fallait trouver le responsable du groupe. C'était un homme très intelligent. Après une discussion en tête en tête, il admet que nous sommes dans ce sana pour nous soigner et non pour nous faire la guerre. A la nouvelle Assemblée Générale, tous les malades sont cette fois réunis. Le directeur vient expliquer quelle est sa mission afin que tout le monde comprenne qu'il y va de l'intérêt de chacun de suivre le traitement. A partir de là, l'ambiance s'est transformée. Les deux populations se mettent alors à dialoguer, Métropolitains comme Algériens, la plupart étant au fond issu des mêmes milieux ouvriers.

Entre temps, il y a les accords d'Evian en mars 62 suivis de la proclamation solennelle de l'indépendance, en juillet 1962. C'est peu après, à la fin de ce mois, que ma cure prend fin après plus de huit mois au sanatorium. Lili et les enfants sont chez ma belle-mère, à Arcachon. Mon cousin Albert, mari de ma cousine Betty, représentant en parfumerie, ne cesse de courir la France. Il passe me voir au sana et m'invite à l'accompagner jusqu'à Perpignan, où il doit voir des clients puis, de venir me reposer une dizaine de jours à Barcelone dans sa famille.

Dassault

Après avoir quitté le Parti Communiste et les huit mois de cure que j'avais passés au sanatorium, je suis confronté désormais aux difficultés pour trouver du travail en tant qu'ancien militant syndical… Le retour à la vie active s'annonce difficile. Mais heureusement, un ancien camarade de résistance, le seul à se souvenir de moi, et également militant syndical, chez Dassault, me propose de venir travailler au Comité Central d'Entreprise dont il est l'un des dirigeants. Dassault à Suresnes c'est la Direction Générale Technique, c'est-à-dire le « Saint des saints ». J'ai appris également que Marcel Bloch, ancien déporté à Buchenwald, a pris le patronyme de Dassault, en souvenir de son frère Paul qui avait combattu dans la résistance sous ce nom de code. Avec ce nouvel emploi, je me trouve soudain dans un environnement totalement différent de celui de l'habillement, un milieu dans lequel le taux de syndicalisation est très faible même si, paradoxalement, les syndicats sont extrêmement organisés. La taille de cette ville industrielle avec ses 1700 employés n'a également rien à voir avec celle des ateliers de confection que j'ai connus avant ma maladie. Aussi peu de temps après mon arrivée, mon camarade me conseille de me familiariser avec le site en accompagnant le coursier, chargé de récupérer lors de sa tournée quotidienne, les courriers et les plans à destination des autres usines et de l'atelier prototype. Je me suis rendu-compte plus tard lorsque j'étais en relation avec les délégués syndicaux des autres comités d'établissement, que les camarades de province me prenaient de haut. Je compris plus tard d'où venait cette « hiérarchie » officieuse entre les usines. Je traverse ainsi avec mon guide occasionnel, des couloirs immenses, longs comme des rues, flanqués de tables à dessin.

Le Bureau d'Etude Dassault à Suresnes avec ses enfilades interminables de tables à dessin

C'est le domaine des projeteurs et des ingénieurs. Là aussi, il y a une hiérarchie sous-jacente entre les différents corps de métiers. Les concepteurs de la cellule revendiquent le métier noble devant ceux des circuits électriques et des équipements de vol, car en effet, c'est là que le patron, Marcel Dassault, vient plusieurs fois par semaine consulter les plans et discuter technique autour d'une table. C'est sa façon à lui de tâter le pouls du terrain en laissant librement s'exprimer les employés en les questionnant, par le truchement de la technique qui sert aussi d'entrée en matière. Dès que l'expression d'un souhait, d'une préférence venait régulièrement à ses oreilles, le Comité Central d'Entreprise recevait « une enveloppe » supplémentaire avec une consigne écrite du patron. « Développez je vous prie cette activité sociale pour mes employés et ouvriers. Ou encore, Informez-les que je vais leur donner une semaine de congé supplémentaire, etc… ». Ce paternalisme habile permettait de tuer dans l'œuf toute montée des revendications et muselait d'une façon certaine, l'influence des syndicats en les court-circuitant.

L'usine de Suresnes , vaste bâtiment en brique rouge dont le portail emblématique donne sur le quai de Seine abrite en réalité un atelier prototype. J'ai pu y pénétrer moyennant une autorisation spéciale de la Direction. C'est comme une ruche. Il y a ainsi jusqu'à trente personnes affairées autour du même prototype, et de prototypes, il y en a à perte de vue ! Je discute avec quelques ouvriers pendant la pause. J'apprends ainsi que pour la plupart, ils ont été mutés depuis leurs usines d'origine, principalement de celle de Mérignac et incités à venir en région parisienne, moyennant une paye pratiquement équivalente à celle d'un cadre ! C'est la fine fleur des métiers techniques. Ils en sont fiers. C'est la raison pour laquelle l'adhésion des ouvriers de Suresnes aux syndicats de gauche est réduite à sa portion congrue.

J'ai ainsi travaillé pendant quelque temps, comme employé du CCE sans me faire trop d'illusions sur l'importance de l'activité syndicale qui y règne. Cependant, ici, le CCE dispose d'un budget dont je ne peux imaginer l'ampleur ! Il faut se souvenir également que la participation des travailleurs à la direction de l'économie, notamment au sein des CE, a été revendiquée dès mars 1944, avant la Libération, dans le Programme du Conseil National de la Résistance. Elle a été définitivement votée en mai 1946, grâce à Albert Gazier, un ancien secrétaire général de la CGT, lorsque la gauche est revenue au pouvoir, après le départ de De Gaulle et du gouvernement provisoire. La loi stipulait que les CE devaient être financés par un prélèvement sur tous les salaires. Les réactions patronales furent très vives mais les dispositions restèrent inchangées et permirent un accroissement rapide du nombre de comités d'entreprise. Qui s'en souvient maintenant ?

Je suis en charge des activités sociales du CCE. A l'occasion, on me désigne pour organiser et diriger un séjour de trois semaines de vacances gratuites pour les retraités des différentes entreprises Dassault. Ces vacances ont lieu dans les Alpes, là où l'entreprise possède un centre. J'emmène avec moi Didier, alors âgé de huit ans. Retrouver la montagne que j'avais quittée depuis presque vingt ans fut merveilleux et je retrouve très vite cette sensation d'immense liberté. Je suis l'économe du centre, j'apprends à composer des menus pour les retraités (125 g de viande par personne !). Avec l'animateur culturel, j'organise des visites en autocar, à Genève et dans ses environs ainsi que des animations... Toutes les personnes présentes ont, elles aussi, traversé la guerre et je réalise, en écoutant leurs récits, que nous avons alors les mêmes soucis, les mêmes souffrances, les mêmes peurs. Ce séjour, hélas terminé, je réintègre le CCE de St Cloud.

En ma qualité d'ancien responsable politique et syndical, je suis invité aux réunions du Comité Central d'Entreprise où siègent les délégués des cinq usines Dassault réparties sur toute la France, dont celles de Talence et de Mérignac, les plus conséquentes en effectifs d'ouvriers. Si l'atelier prototype de Suresnes à laquelle j'appartiens, est composé en majorité de cadres (ingénieurs et salariés très qualifiés), les quatre autres unités se consacrent à la production. Le CCE qui siège à

Suresnes, tente d'imposer ses choix aux représentants des usines de province. On s'en doute, les discussions auxquelles je participe, sont très vives. Le problème, c'est que je me sens souvent en porte-à-faux avec les choix des Parisiens. Ils finissent par me faire remarquer que ne n'ai aucun pouvoir de décision, que je ne suis qu'un salarié ! Ma situation devient vite intenable et je donne ma démission. Je me retrouve à la rue. Que faire ? Revenir à mon ancien métier ? C'est impossible, compte tenu de mon passé syndical désormais révolu. Il ne me reste qu'à négocier mon retour dans ma profession d'origine auprès… du syndicat patronal de l'industrie textile !

4) Pérégrinations 1964-1978

Cherbourg

Cette année-là, la Chambre Syndicale Patronale me met en contact avec un représentant de la société Dormeuil. Cette société est en train de monter une usine de vêtements masculins haut de gamme à Cherbourg mais aucun personnel n'est qualifié en la matière sur la région. On me propose de diriger l'école de formation qui est spécialement mise en place.

Une telle proposition suppose de partir seul à Cherbourg, avec la perspective heureuse d'y faire venir ma famille. En attendant, Lili et les garçons resteront dans l'appartement de Beauregard. J'accepte la proposition et je pars à Cherbourg. C'est un pas décisif vers une nouvelle vie.

Cherbourg est une découverte. Dès mon arrivée, j'aperçois le paquebot « Le Normandie », qui dépasse tous les bâtiments du port de sa hauteur. Je suis logé dans un hôtel sur le port où j'ai le plaisir de retrouver l'équipe de tournage du film « Les parapluies de Cherbourg » avec ma chère Catherine Deneuve ! Il se trouve que je suis pensionnaire dans le même restaurant. Je la surprends hélas ! un jour, dans un salon de thé à la pointe de la Hague, en compagnie de son partenaire du film...

Tandis que l'usine sort de terre, à quelques kilomètres du centre-ville, s'ouvre l'école d'apprentissage des futures ouvrières de l'usine Dormeuil. Les cours, des cycles d'un mois, ont lieu dans un vieux bâtiment de Cherbourg où sont installées une douzaine de machines à coudre, une par stagiaire. J'instaure une chaîne de fabrication de costumes sur mesure. La journée, je forme les ouvrières, le soir, je visite la ville et les environs et le week-end, tous les quinze jours, je rentre à Beauregard. Bientôt, j'obtiens un appartement très agréable dans un immeuble qui vient à peine d'être achevé sur la place d'Yvette. On l'a construit juste à côté d'un blockhaus, souvenir de l'occupation allemande. L'immeuble achevé, le blockhaus est détruit. Au début de l'été, la famille me rejoint.

Je reste à Cherbourg jusqu'à la fin de l'année 1964. Je viens d'être contacté par une usine de Mulhouse employant une centaine d'ouvrières pour occuper le poste de directeur de la fabrication.

Max Tzwangue 2019

Mulhouse

Tandis que la famille reste à Cherbourg jusqu'à la fin de l'année scolaire 1965, je pars à Mulhouse. La région est très belle. Après la mer à Cherbourg, les Vosges sont un contraste magnifique. Je découvre la société et la langue alsacienne que je ne comprends pas malgré le yiddish et mes rudiments d'allemand. Dans ces conditions, l'encadrement est délicat et je suis obligé de demander aux ouvriers d'employer le français en ma présence. Si l'intégration à cette époque est difficile, le travail n'en est pas moins intéressant, cette petite entreprise me demandant d'élever leur niveau de qualité. La société me procure un appartement pour la famille au sein d'une cité à la sortie de Mulhouse. La famille me rejoint à la fin de l'été.

Au bout d'un an, j'avais fait le tour de l'usine et de la ville. On me propose de partir pour Elbeuf, en Normandie, afin de prendre la succession de la directrice de la manufacture elbeuvienne de vêtements, Weil-Kingbourg-Bernheim. Je laisse la famille à Mulhouse jusqu'à la fin de l'année scolaire 1966-67 et je pars pour Elbeuf.

Max Tzwangue 2019

Elbeuf

La ville est triste avec ces usines de textile qui commencent à disparaître les unes après les autres. Je loge dans un petit hôtel proche de mon travail, déniché par Marie-Claude, l'infirmière de l'établissement. Cette usine recèle bien des surprises. Fait unique dans l'histoire de l'habillement, je découvre qu'elle abrite une crèche dans laquelle une douzaine d'ouvrières déposent chaque matin gratuitement leurs bébés. C'était là le vœu de Madame Bernheim, épouse de l'un des patrons, décédé dans un accident de voiture.

Un tel dispositif était pour le moins paradoxal dans le management de Monsieur Bernheim. Il avait l'habitude de faire le tour de l'usine, visitant tous les secteurs et saluant chaque contremaître en leur demandant si tout allait bien. Visites dans lesquelles, bien entendu, je l'accompagnais. Un matin, nous arrivons dans l'atelier de coupe. Le chef vient nous saluer et après quelques mots d'usage, demande une augmentation. Monsieur Bernheim répond qu'il n'en est pas question. L'ouvrier insiste, arguant du fait que cela fait très longtemps qu'il n'en a pas eue et qu'il pourrait partir ailleurs. Bernheim lui rétorque : « Tu es bien trop con pour aller ailleurs ! ». Ce comportement, hérité d'un temps révolu, m'a beaucoup choqué. Le pire, c'est que je me suis aperçu par la suite que cette attitude n'était en rien exceptionnelle…

Une autre découverte fut celle d'une ancienne synagogue désaffectée et transformée en entrepôt. En 1870, au moment de l'occupation parisienne, les familles Weil-Kingsbourg-Bernheim, juives alsaciennes, avaient fui l'Alsace afin de pouvoir rester citoyens français.

Je suis chargé, dans un premier temps de réorganiser le travail à l'usine et d'introduire ainsi de nouvelles méthodes de fabrication concernant notamment l'entoilage, et ce, afin d'augmenter le degré de qualité. La vie suit son cours. Une fois par mois, je fais le trajet Elbeuf-Mulhouse le temps d'un week-end. Ce trajet, comme les soirées, est bien long et je me sens bien seul. Ma découverte du cercle de bridge situé au sommet d'une des plus hautes tours de la ville va venir adoucir un peu cette solitude !

C'est alors que survient mai 68, véritable coup de tonnerre ! Probablement pour la première fois de son histoire, l'usine se met en grève sous l'impulsion de la section syndicale CGT de l'usine. Je découvre soudain cette section pour la circonstance ! A Cherbourg comme à Mulhouse, je n'en avais pas vu la moindre trace. Je me retrouve ainsi de l'autre côté de la barrière, face à mon passé syndical, ignoré bien évidemment par cette délégation qui me présente le cahier de revendications du personnel. Au fond de moi, je les partage et les trouve justifiées mais je n'ai rien à montrer ni à dire. Avec la plus grande innocence, je les transmets au patron. En attendant les résultats des négociations, l'usine se met en grève.

Un matin, où je suis tranquillement assis à ma table de travail, une foule d'ouvrières envahit le bureau, trop étroit pour toutes et m'encercle ! Devant l'invasion de ces femmes déchaînées, je souris, l'air impassible, et leur répète simplement que j'ai transmis leurs doléances au patron et que, comme elles, j'attends sa décision. S'instaure alors un silence pesant. Sans mot dire, elles restent autour de moi pendant un temps qui me paraît interminable. Vais-je servir de bouc émissaire ? Elles finissent par sortir l'une après l'autre, calmement.

Les jours suivants, le personnel continue d'occuper l'usine et je suis le seul représentant de la direction dont les ouvrières acceptent la présence. Je garde le silence mais secrètement je jubile face à leur prise de conscience. Cette situation dure jusqu'aux accords de Matignon, en juin 1968. D'un seul coup, les ouvrières obtiennent au moins 20%

d'augmentation de salaire. Elles reprennent le travail, heureuses de l'issue victorieuse de leur mouvement, lequel sans nul doute, restera longtemps dans leur mémoire. Un chapitre important du mouvement ouvrier français vient de s'achever, comme aller s'achever, quelques mois plus tard, une période importante de ma vie.

L'année scolaire terminée, Lili et les enfants quittent Mulhouse pour Elbeuf.

La rupture avec Lili

Les longues périodes solitaires à chaque changement de ville et de vie avaient fini par créer entre Lili et moi une incompréhension et une indifférence dont nous n'avions pas pris vraiment conscience. Les enfants avaient grandi et devenaient de plus en plus indépendants. Lili, ne m'a peut-être pas complètement pardonné un certain écart sentimental à Beauregard. Elle éprouve peut-être aussi le besoin d'une seconde vie de femme, pour vivre à son tour une autre histoire d'amour, que j'aurais souhaitée heureuse. Nous nous séparons. C'est à ce moment que Didier, âgé de dix-neuf ans, part faire ses études à Montpellier et vivre avec son premier amour. Marc, quant à lui, n'a encore que seize ans, et décide de rester avec sa mère ce que je compris parfaitement. Pour ma part, je me sens soudain libre de mon destin.

D'autant que l'on me fait l'offre , en février 1973, de la direction à Toulouse, d'une des plus belles usines de confection, voire la plus belle.

Toulouse

Après l'Alsace et la Normandie, où chacun vit chez soi, Toulouse m'apparaît pleine de soleil et d'exubérance. Ici, la vie est à l'extérieur, dans les bars, sur les terrasses, dans les clubs... Tout le monde se connaît sans se connaître vraiment. Mais je ne me doutais pas de la tâche qui m'attendait à l'usine MAS de Toulouse ! 700 personnes à diriger, tant sur le plan de l'organisation du travail que sur celui de la fabrication et ce, sur trois lignes de vêtements parmi les plus connues de l'époque, dont Daniel Hechter.

Pour m'assister, je dispose d'un bureau d'organisation composé de trois personnes. Il s'agit de définir les modes opératoires correspondant chacun à différents niveaux de réalisation et ce, selon la qualité des tissus et du mode de fabrication. Une expérience difficile mais passionnante.

Un jour, où je suis monté à Paris pour présenter notre société au salon de l'habillement masculin à la Porte de Versailles, j'ai la surprise d'avoir la visite de la jolie infirmière de la manufacture d'Elbeuf, Marie-Claude. Elle vit seule et moi aussi. Ainsi, de fil en aiguille, nous avons décidé de nous revoir le plus souvent possible.

C'est sur ce même salon que Maurice Biderman, lui-même, le célèbre fabricant aux nombreuses licences et griffes dont celle d'Yves Saint Laurent, me contacte. Il me propose de prendre la direction de l'ancienne usine de Prouvost-Crépy qu'il vient de racheter à Hénin-Beaumont.

Hénin-Beaumont

L'usine d'Hénin-Beaumont, dans le Pas-de-Calais est une réalisation remarquable d'un point de vue technique. Située sur un ancien carreau de mine et construite par l'ancienne société Prouvost-Crépy, elle s'étend sur une surface de 6000 m2. Le projet de Biderman consiste à pouvoir produire jusqu'à mille costumes par jour ! Pour ce faire, en accord avec les écoles d'Etat, nous créons une école d'apprentissage à l'intérieur de l'usine. C'est une aventure formidable à partir de ces immenses locaux vides, de tout imaginer, de tout réaliser progressivement, y compris la formation du personnel et d'atteindre les objectifs fixés, 900 vestes par jour, 300 gilets et mille pantalons ! Hélas, l'aventure ne durera pas ! Après l'extinction de la production minière, toute tentative d'industrialisation autre que le charbon n'apporte aucun travail ni d'espoir à toute une région sinistrée. Ainsi malgré l'apogée de cette usine capable d'une telle production, malgré l'école d'apprentissage et la formation d'une main d'œuvre qualifiée, tous ces efforts sont anéantis par, dans un premier temps, le transfert de la fabrication dans les pays de l'Est, puis, dans ceux d'Extrême-Orient...

Cette expérience nordiste, qui a débuté fin 1973, prend fin en 1977, suite à nos désaccords, entre Biderman et moi, en matière de management. Je suis contraint de démissionner et rentre à Paris.

Les pays de l'Est

Au retour d'Hénin-Beaumont, je suis hébergé quelques temps chez des cousins à Bourg-la-Reine. C'est là que, par chance, je trouve un appartement libre, celui où je suis encore avec Marie-Claude, la jolie infirmière d'Elbeuf. Le logement assuré, il ne restait qu'à trouver de nouvelles fonctions, ce qui ne tarda guère. Mes bonnes relations avec les fournisseurs me permirent d'être en contact avec deux jeunes associés qui désiraient créer leur entreprise et recherchaient les conseils d'un technicien de la fabrication. Ainsi débute ma découverte des usines de confection des pays de l'Est. J'ai travaillé ainsi en Tchécoslovaquie, à Prague, en Roumanie, à Sibiu, en Hongrie, en Bulgarie, et, en dehors des pays de l'Est, en Grèce.

Toutes ces usines de l'Est avaient un trait commun : l'essentiel de la fabrication n'était pas destiné aux populations mais à l'exportation. D'où cet anachronisme dans le style d'habillement des gens des pays de l'Est. Ils étaient vêtus comme avant-guerre mais c'étaient eux qui fabriquaient la mode des pays riches ! C'est ce décalage entre deux mondes qui m'a frappé lors de ces séjours, comme toute personne qui a connu les pays de l'Est avant la chute du Mur. Au départ, je ressentais ce décalage à partir d'une simple différence de « look », comme on dirait aujourd'hui. Puis, au fur et à mesure des quelques connaissances que je fis, je pus comprendre ces différences dans les façons de vivre. Si les gens paraissaient démodés, les usines étaient quant à elles avant-gardistes sur le plan des réalisations sociales, abritant des services sociaux, médicaux, et sportifs, tous à la disposition gratuite des ouvriers... Des infrastructures inexistantes dans les usines de France. De plus, tout le monde avait un emploi, une retraite, si modestes soient-ils. Quant à l'art et à la culture, ils étaient non seulement à la portée de tous, mais vivants, tout comme le sport, largement développé ainsi que les langues vivantes, pratiquées couramment. Si les appartements étaient pour la plupart des HLM de construction médiocre, ne disposant pas d'un confort moderne, une certaine idée de l'homme existait malgré cette impossibilité de quitter le pays. Mes conversations avec les autochtones étaient très intéressantes. Mais tous alors manifestaient l'envie de venir dans les « paradis de l'Occident », sans réaliser d'où ils étaient partis et le stade de développement qu'ils avaient acquis en si peu de temps.

Après l'effondrement du mur de Berlin, je suis retourné en Roumanie dans un atelier à Bucarest où j'avais beaucoup travaillé. C'était à l'époque une usine importante, élevée sur cinq niveaux de fabrication. Chaque niveau avait été vendu, étage par étage, à différentes sociétés. Je connaissais de nombreuses ouvrières et toutes m'ont confié qu'elles regrettaient l'ancien temps. Leurs conditions de travail s'étaient considérablement dégradées, notamment leur rythme de travail. La productivité était primordiale. Plus question des pauses qu'elles prenaient régulièrement dans la journée, ni des garanties sociales et sanitaires. Toutes protections avaient disparu et le niveau de vie avait baissé. Oui, elles avaient maintenant la liberté de venir à l'Ouest. Mais elles n'en avaient pas les moyens...

Et c'est ainsi, de pérégrinations en pérégrinations, que je suis arrivé à la retraite, à soixante ans. C'était en 1985, une nouvelle vie a commencé.

5) Le théâtre et le cinéma ; 1985-2006

Depuis le groupe « Espoir », que nous avions monté avec Fanette, les camarades et moi, le goût du théâtre ne m'a jamais vraiment quitté. La sédentarité de la retraite enfin venue et surtout, mon ancienne amie Micheline Zerdeman, m' ont aidé à remonter sur les planches. De 1987 à 1992, j'ai joué dans plusieurs pièces au sein de la compagnie du « Théâtre Inachevé » , dont « Pénélope » de Leonora Carrington. Il s'agit d'une artiste qui avait au moins deux cordes à son arc, car elle était à la fois auteure et peintre surréaliste. Pour représenter les non-dits, les tabous et le vernis social, elle s'appuie sur des artifices visuels de la scène comme l'espace, les lumières , la recherche plastique sur le mouvement, mais surtout sur l'expression des acteurs comme la cruauté et la violence mêlées de poésie. Il faut bien sûr prendre cette pièce avec humour et au second degré ! Depuis 1997, je suis passé des planches à l'écran. Par le hasard des rencontres, une camarade de théâtre me fit part qu'un réalisateur français très prometteur cherchait un acteur juif, la soixantaine, qui parlait le yiddish. Emmanuel Finkiel avait travaillé avec Jean Luc Godard et Bertrand Tavernier. Il voulait transposer au cinéma pour un premier long métrage, son roman « Voyages » sur la Shoah. A l'époque, la Shoah c'était « Nuit et Brouillard » d'Alain Resnais, sur les horreurs mises à nu des camps de concentration et que l'on montrait dans les collèges. Mais c'était aussi pour moi comme pour tous ceux que j'avais connu à Ménilmontant, à Clermont puis à Lyon, le déracinement de ses parents, l'obligation d'émigrer dans un pays d'accueil qui fut plus tard, comme tous les autres, hostile à notre communauté, l'absence d'une famille stable et d'un amour parental, les boulots de fortune, la guerre et la résistance. Je finis par rencontrer Emmanuel pour le rôle. Il me fit part de sa démarche et comment il comptait s'y prendre pour aborder de manière originale ce sujet difficile sans en faire une autre commémoration pieuse, convenue et peut-être ennuyeuse pour la jeune génération. Comment la représenter, l'écrire, la mettre en texte, en images ? C'était plus compliqué à faire qu'un simple récit historique. Il voulait que ce deuil s'inscrive de manière humaine dans nos mémoires au travers de scènes réalistes. Il me dit qu'il ne choisirait à priori aucun acteur professionnel. Il voulait retracer de façon authentique trois destins de femmes confrontées à leur passé, en y ajoutant également leur quotidien, leurs difficultés conjugales et les zones d'ombre qui les habitent aujourd'hui. Il me raconte alors la première histoire, celle de Rivka, une juive polonaise dont le rôle est joué par Shulamit Adar, une femme extraordinaire. Elle décide avec son mari de faire le voyage à Auschwitz. Il y a cette scène de dispute dans le car avec son mari. Les propos sont très violents, je m'en souviens encore... Une scène théâtrale ! Emmanuel avait raison, cette scène m'a marqué.

Puis il y a eu d'autres films, beaucoup plus légers comme « Dieu est grand, je suis toute petite », de Pascale Bailly, « L'art délicat de la séduction », de Richard Berry, « La guerre à Paris », de Yolande Zauberman et enfin « Mariage mixte », d'Alexandre Arcady.

Je consacre aujourd'hui la plupart de mon temps à la lecture publique de textes de résistants. Il y a quelques années en effet, le Musée de la Résistance Nationale de Champigny-sur-Marne a demandé aux familles de leur confier les lettres de fusillés qu'elles avaient en leur possession. Ces lettres, sélectionnées pour la diversité des voix, ont fait l'objet d'une exposition, puis d'un livre, « Lettres de fusillés ». Ce sont elles, choisies pour leur sensibilité, que je lis aujourd'hui avec l'un des comédiens du Théâtre de l'Imprévu d'Orléans, dans les collèges, les lycées, les maisons d'arrêt….

Ma plus grande joie, ma plus grande émotion, sont celles que j'éprouve face aux réactions de ces publics. Leur découverte d'une période de l'histoire trop souvent méconnue, leurs questions, leur émotion, leur prise de conscience comme en témoignent les nombreuses lettres que je reçois en retour, me réchauffent, m'encouragent et me confortent dans la justesse du combat que j'ai poursuivi toute ma vie. Le message personnel que je voudrai adresser aux générations suivantes est le suivant :

« Ne laissez pas les autres décider pour vous. Intéressez-vous à la société dans laquelle vous vivez afin de prendre vous-même vos décisions. Prenez vos responsabilités, réfléchissez à votre place dans la société et faites vos choix en conséquence, quelles que soient vos convictions. Prenez conscience de ce qui vous entoure. Profitez du fait que vous vivez dans un pays démocratique. »

Max Tzwangue. Bourg-la-Reine.

Merci à Faly et à Thierry de m'avoir accompagné dans cette remontée du temps.

6) BIBLIOGRAPHIE

* Les Juifs français face aux Juifs étrangers dans la France de l'entre-deux-guerres, Jérémy Guedj. Juin 1995.

* Lodz, Tour de Babel du textile 1820 – 1939. Lycée Français de Varsovie. Sortie pédagogique à Lodz – élèves de première. 14 avril 2005. A Léonard

* L'industrie textile en Pologne. Georges Lewandowski. 1922. Annales de géographie.

* Roubaix – Tourcoing et les villes Lainières d'Europe. Presses Universitaires du Septentrion. 2005

* Les immigrations juives. Hommes & Migrations. Patrick Girard 1988

* Mémoire de résistance, FTP – MOI. Rolande Trempé. Commentaires du film. Janvier 1992.

* En région Lyonnaise : Le bataillon Carmagnole – Liberté. Amicale Carmagnole Liberté. 1994

* Histoire de la langue française 1880 - 1914. Le vocabulaire de la mode. CNRS

* Les juifs polonais et l'indépendance. Wikipedia

* Un travail de vraie remémoration : Voyages d'Emmanuel Finkiel. Revue d'histoire de la Shoah – Régine Robin – 2011.

7) ANNEXE

Les procès et le compte-rendu d'exécution de Simon Frid

Compte-rendu du jugement du 26 octobre 1945 de la chambre de révision de la Cour d'Appel de Lyon, annulant la condamnation et la peine prononcées par le tribunal de la section spéciale à l'encontre de, Simon Frid, des frères Léopold et Léon Rabinovitch et de Max Tzwangue, pour détention illégale d'armes et de recel…

26 OCT 1945

Audience Publique de la Chambre de Revision de la Cour d'Appel de LYON, en date du 26 octobre 1941 neuf cent quarante cinq.

à 2384 L O
à 2080 G.

-:-:-:-:-:-:-:-:-

LA CHAMBRE DE REVISION

Vu l'arrêt de la Section Spéciale de la Cour d'Appel de LYON en date du 24 Novembre 1943,
qui pour DETENTION ILLEGALE D'ARMES et RECEL
et en vertu des articles 379, 382 § 2, 460, 461, du code Pénal, des articles 351, 367 u Code d'Instruction Criminelle 55 du Code pénal et de la Loi du 5 Juin 1943
a condamné les nommés :

F R I D-Simon, né le 2 Mars 1922 à ZUSZYN (Pologne) tailleur demeurant 34 rue Boileau à LYON, fils de Jenkel et de RUECKLA Kac,

aux TRAVAUX FORCES A PERPETUITE,

RABINOVITCH Léopold, né le 6 Janvier 1922 à PARIS (12) employé demeurant 109 route de Vienne à LYON, fils de Simon et de JURISTE Clara.

aux TRAVAUX FORCES A PERPETUITE,

R A B I N O V I T C H Léon, né le 2 Septembre 1919 à PARIS (18°) vernisseur demeurant 59 rue le -rion à LYON, fils de Simon et de JURISTE Clara,

à 12 ANS DE TRAVAUX FORCES.

A N S E L E M Elie Marcel, né le 16 Avril 1921 à SIDI BEL ABBES (Algérie), facteur demeurant sans domicile connu, fils de Moïse et de RAMONA Ben Soussan.

à aux TRAVAUX FORCES A PERPETUITE (DEFAUT)

T Z W A N G U E Max Isaac, né le 24 Août 1925 à PARIS 12°), sans profession, sans domicile connu, fils de Moïse et de LESUIK Syma.

aux TRAVAUX FORCES A PERPETUITE (DEFAUT)

Vu la requête présentée par Monsieur le Procureur Général et enregistrée au Greffe de la Cour d'Appel de LYON, en date du 3 octobre 1945, sous les numéros 2076 à 2080 G.

Vu l'ordonnance du 6 Juillet 1943 relative à la légitimité des actes accomplis pour la cause de la Libération de la France et la révision des condannations intervenues pour ces faits.

Vu le dossier de la procédure, les renseignments recueillis et les pièces produites.

Vu le réquisitoire écrit et signé de Monsieur FLAMARION Avocat Général, en dta du 26 Octobre 1945, tendant à l'annulation de la décision attaquée et a ce que la COur donne main levée des mandats d'arrêts décernés par M. Le Juge d'Instruction de LYON (M. HEBRARD) contre lesnommés ANSELEM Elie Marcel et TZWANGUE Max.

Oui Monsieur le ConseillerrRAUGE en son rapport
Oui Monsieur FLAMRION Avocat Général en ses réquisitions.

EN LA FORME

Attendu que la requête a été présentée dans le délai légal imparti par l'ordonnace sus visée.

AU FOND

Attendu qu'il résulte du dossier que les faits qui ont motivés la condannationse rapporteraient soit à la reprise dela guerre par la Franae, soit à des faits de prise de servicess dans les Armées Française ou Alliées soit à des services rendu à la Résistance Française ou aux Puissances Alluées.

PAR CES MOTIFS

La Cour statuant, en révision après en avoir délibéré conformémest à la Loi.

Reçcoit comme régulière en la forme la requête dont s"agit.

Déclare légitime aux termes de l'ordonnance sus visée, les faits qui ont motivé les condanmtipns prononcée contre les sus nommés comme ayant été accomplis dans lebut de favoriser la Résistance Française.

26 OCT 1943

En conséquence prononce l'annulation de l'arrêt de la Section Spéciale de la cour d'Appel de LYON, le 24 Novembre 1943 contre les nommés :

-FRID Simon - RABINOVITCH Léopold - RABINOVITCH Léon - ANSELEM Elie - TZWANGUE Max -

et donne main levée des mandats d'arrêts décernés par monsieur le Juge d'Instruction de LYON (M. HEBRARD) contre les nommés ANSELEM Elie Marcel et TZWANGUE Max, le 1 juin 1943

Dit que la mention sera transcrite en marge de la déclaration annulée.

Ordonne le retrait du Bulletin N° 1 du Casier Judiciaire ainsi que les duplicatas et en tant que de besoin la restitution des amendes et frais de Justice payés.

Ordonne en outre la remise de l'intéréssé dans l'entière possession des biens immobiliers et la restitution de bien meubles ou à défaut de la valeur de remplacement de ces biens.

Dit que les dépens resteront à la charge du Trésor Public.

Ainsi jugé et prononcé en Audience Publique, au Palais de Justice de LYON les jours, mois et an sus dits par Messieurs :

GAULENE Président,
RAUGE ET ACHARD Conseillers,

En présence de Monsieur FLAMERION Avocat Général
Assistée de Monsieur LAFARGUE Greffier

Procès-verbal du 4 décembre 1943, d'exécution de l'arrêt du tribunal de la section spéciale pour la condamnation à mort de Simon Frid.

4 Décembre 1943

PROCES VERBAL de l'exécution de l'arrêt de condamnation
à mort concernant le nommé FRID Simon
———

Le samedi quatre décembre mil neuf cent quarante trois;

Sur réquisition de M. le Procureur Général près la Cour
d'Appel de LYON en date du 2 décembre 1943;

Nous soussigné, André VACHER, greffier à la dite Cour, nous
sommes rendu à la Maison d'arrêt de LYON, 33 Cours Suchet,
pour assister à la mise à exécution de l'arrêt de la Section
Spéciale de la Cour d'Appel de LYON, en date du 23 Novembre
1943, qui a condamné le nommé :

FRID Simon, né le 2 mars 1922 à TUSZYN (Pologne)
tailleur, 34 Rue Boileau à LYON

à la peine de mort, pour tentatives de meurtre sur des agents
de la force publique dans l'exercice de leurs fonctions et
tentatives de meurtre sur des particuliers.

Nous avons vu amener FRID Simon qui a eu la tête tranchée,
dans l'enceinte de la Maison d'arrêt de LYON, à ~~sept~~ heures
~~minutes~~ du matin.

En foi de quoi nous avons rédigé le présent procès verbal
qui a été signé par: M. FAURE-PINGUELY, conseiller délégué par
M. le Premier Président de la Cour d'Appel de LYON, L. GOUPPE,
Avocat général près la dite Cour et nous Greffier.

Le Greffier soussigné certifie avoir affiché à la porte
de la Maison d'arrêt de LYON, un exemplaire du procès verbal
ci dessus, immédiatement après l'exécution, pour y demeurer
apposé pendant le délai de 24 heures prévu par l'article 378
du C.I.C.

                                      Le Greffier

Le Greffier soussigné certifie avoir ce jour, 4 décembre 1943,
transcrit le procès verbal d'exécution ci dessous, au pied de
l'arrêt de condamnation du 23 Novembre 1943.
            Pour mention, Lyon le 4 Décembre 1943

www.ingramcontent.com/pod-product-compliance
Lightning Source LLC
Chambersburg PA
CBHW071512040426
42444CB00008B/1611